Diogenes Tasche

Friedrich Dürrenmatt

Werkausgabe
in dreißig Bänden

Herausgegeben
in Zusammenarbeit
mit dem Autor

Band 16

Friedrich Dürrenmatt

Die Panne

*Ein Hörspiel und
eine Komödie*

Diogenes

Umschlag: Detail aus ›Flucht 111‹ von Friedrich Dürrenmatt.
Das Hörspiel *Die Panne* erschien erstmals 1961 im Verlag der
Arche, Zürich.
Die Komödie *Die Panne* erschien erstmals 1980 im Diogenes
Verlag, Zürich. Alle Buch- und Abdruckrechte vorbehalten.
Aufführungs-, Film-, Funk- und TV-Rechte:
Weltvertrieb: Reiss AG, Theaterverlag, Sprecherstraße 8,
CH-8032 Zürich.
Alle Rechte vorbehalten, insbesondere das der Aufführung
durch Berufs- und Laienbühnen, des öffentlichen Vortrags,
der Verfilmung und Übertragung durch Rundfunk und Fern-
sehen, auch einzelner Abschnitte.
Diese Rechte sind nur vom Reiss Theaterverlag zu erwerben.
Vertrieb für Deutschland: Felix Bloch Erben, Verlag für
Bühne, Film, Funk, Hardenbergstraße 6, D-10623 Berlin.
Redaktion: Thomas Bodmer.

Inhalt

Die Panne

Ein Hörspiel

Die Stimmen

Alfredo Traps
Garagist
Wirt
Richter
Staatsanwalt
Verteidiger
Pilet
Simone
Tobias

Geschrieben 1955
Erstsendung am 17. Januar 1956
im Bayerischen Rundfunk
Ausgezeichnet mit dem Hörspielpreis der
Kriegsblinden für des Jahr 1956

Leichte Schlagermusik. Ein fahrendes Automobil.

TRAPS Dieser Wildholz! Der soll was erleben. Junge, Junge! Rücksichtslos gehe ich nun vor, rücksichtslos. Dem drehe ich mal den Hals um. Wird sich wundern. Unnachsichtlich! Kein Pardon, keine Gnade. Nee. Mir nicht. Meint wohl, ich sei bei der Heilsarmee. Fünf Prozent will er mir abkippen. Fünf Prozent! Ich rieche den Braten. Zum Glück, daß es mit Stürler klappte. Das ist ein Gewinnchen, den habe ich schön hereingelegt. – Nanu, was ist denn auf einmal mit dem Wagen los?

Wagengeräusche.

TRAPS Steht. Nichts zu machen. Wenigstens eine Garage in der Nähe. He, Sie da!
GARAGIST Was ist denn mit Ihrem Studebaker los?
TRAPS Weiß der Teufel. Wollte eben diese kleine Steigung nehmen, da rührt er sich nicht mehr von der Stelle.
GARAGIST Lassen Sie mich mal sehen.

Hantierungen.

GARAGIST Aha. – Sehen Sie?
TRAPS Tatsächlich! Scheint eine größere Reparatur zu geben.

GARAGIST Meine ich auch.

TRAPS Bis wann bringen Sie den Wagen in Ordnung?

GARAGIST Morgen um sieben können Sie ihn holen.

TRAPS Morgen erst?

GARAGIST Es ist schließlich sechse abends.

TRAPS Weit bis zum Bahnhof?

GARAGIST Eine halbe Stunde.

TRAPS Kann man im Dorf übernachten?

GARAGIST Fragen Sie im ›Bären‹ nach.

TRAPS Na gut. Nimmt mich nur wunder, was der Motor wohl hat. Was verstehe ich schon davon. Garagisten ist man ausgeliefert wie einst den Raubrittern. Der ›Bären‹. Der Dicke da ist wohl der Wirt?

Harmonikaklänge. Festlärm.

TRAPS Zimmer frei?

WIRT Tut mir leid. Alles besetzt. Der Kleinviehzüchterverband tagt.

TRAPS Noch andere Gasthöfe im Dorf?

WIRT Auch von den Kleinviehzüchtern besetzt. Doch gehen Sie mal zu Herrn Werge in der weißen Villa, die Dorfstraße geradeaus und dann links, der nimmt Gäste.

Die Handharmonikaklänge verwehen langsam.

TRAPS Hätte doch den Zug nehmen sollen. Aber der fährt erst in einer Stunde, und dann müßte ich zweimal umsteigen. Zu faul dazu. Und den Wagen müßte ich morgen trotzdem holen. Das Dorf scheint angenehm zu sein. Kirche, Dorfeiche, Einfamilienhäuschen, wohl von Rentnern und pensionierten Beamten aus der Stadt, Bauernhäuser, solide, proper, sogar die Misthaufen sorgfältig geschichtet. Die Mühe, die sich die Leute geben.

Muhen. Glockengebimmel.

TRAPS Kühe. Das auch noch. Eben auf dem Lande. Schöner Sommerabend, die Sonne noch hoch am Himmel, morgen der längste Tag. Vielleicht gibt es was zu erleben, manchmal ganz nette Mädchen anzutreffen in so einem Nest, eine Luise, eine Kathrine, wie neulich in Großbiestringen, war eine tolle Nacht, Evchen hieß sie. Die Villa, von Buchen und Tannen umgeben, ein größerer Garten davor, na schön, gegen die Straße hin Obstbäume, Gemüsebeete, überall Blumen. Komisch, daß die hier Gäste nehmen, scheint eine Art Pension zu sein. Leute, die Moneten bitter nötig haben.

Das Knarren einer Gartentüre.

TRAPS Niemand zu sehen. Kieswege. Hallo!
RICHTER Was wünschen Sie?
TRAPS Herr Werge?
RICHTER Bin ich.
TRAPS Mein Name ist Traps, Alfredo Traps!
RICHTER Erfreut.
TRAPS Es wurde mir gesagt, man könne bei Ihnen übernachten. Habe eine Panne.
RICHTER Kann man.
TRAPS Wieviel verlangen Sie denn?
RICHTER Nichts.

TRAPS Nichts? Na, hören Sie mal. Sie scheinen wohl der Weihnachtsmann höchstpersönlich zu sein?

RICHTER Treten Sie näher. Kommen Sie in die Veranda.

Stimmen.

STAATSANWALT Da ist ja einer. Höchste Zeit!

VERTEIDIGER So ein Dusel! Scheint ein Fabrikant zu sein.

STAATSANWALT Unsinn, ein Geschäftsreisender.

PILET Fein.

TRAPS Oh, ich störe wohl.

RICHTER Sie stören gar nicht. Ich bin allein, mein Sohn befindet sich in den Vereinigten Staaten, da bin ich froh, hin und wieder einen Gast zu beherbergen.

TRAPS Aber Sie haben ja schon Gäste.

RICHTER Freunde. Pensioniert, wie ich selbst. Hergezogen ins Dorf des milden Klimas wegen. Halten einen kleinen Herrenabend ab, mit Abendessen. Ich lade Sie ein, mitzumachen.

TRAPS Mitmachen? So eine Gastfreundschaft gibt es doch überhaupt nicht mehr. Ist ja wie im Märchen.

RICHTER Darf ich vorstellen: ein pensionierter Staatsanwalt –

STAATSANWALT Mein Name ist Zorn.

TRAPS Sehr erfreut.

RICHTER Ein pensionierter Rechtsanwalt –

VERTEIDIGER Gestatten: Kummer.

TRAPS Habe das Vergnügen.

RICHTER Herr Pilet.

TRAPS Angenehm.

PILET Fein.

RICHTER Das ist Herr Traps, Simone. Er übernachtet hier.

SIMONE In welchem Zimmer denn, Herr Werge?

RICHTER Aber Simone, das müssen wir doch erst herausbringen.

SIMONE Verstehe.

RICHTER Unsere Gäste, Herr Traps, kommen nämlich je nach ihren Eigenschaften in das hierzu bestimmte Zimmer.

TRAPS Originelle Idee.

RICHTER Wünschen Sie etwas Vermouth?

TRAPS Gerne.

RICHTER Mit einem Schuß Gin?

TRAPS Ich weiß gar nicht, womit ich dies alles verdient habe.

RICHTER Sie erweisen uns nämlich durch Ihren Besuch einen Dienst.

TRAPS Einen Dienst?

RICHTER Sie können mitspielen.

TRAPS Gerne. Was ist es denn für ein Spiel?

Verlegenes Lachen.

VERTEIDIGER Ein etwas sonderbares Spiel.

TRAPS Verstehe – die Herren spielen um Geld – da bin ich mit Vergnügen dabei.

STAATSANWALT Nein – das ist nicht unser Spiel.

TRAPS Nicht?

Verlegenes Lachen.

RICHTER Es besteht darin, daß wir des Abends unsere alten Berufe spielen.

TRAPS Ihre alten Berufe.

STAATSANWALT Wir spielen Gericht.

TRAPS *lacht* Direkt unheimlich.

RICHTER Im allgemeinen nehmen wir die berühmten historischen Prozesse durch, den Prozeß Sokrates, den Prozeß Jesus, den Prozeß Jeanne d'Arc, den Prozeß Dreyfus, auch den Brand des Reichstagsgebäudes neulich, oder laden verschiedene geschichtliche Persönlichkeiten vor.

VERTEIDIGER So haben wir gestern Friedrich den Großen für unzurechnungsfähig erklärt und in Gewahrsam genommen.

TRAPS Das ist ja wirklich ein eigenartiges Spiel.

PILET Fein, nicht?

STAATSANWALT Am schönsten ist es natürlich, wenn wir am lebenden Material spielen.

TRAPS Kann ich mir denken.

RICHTER Deshalb haben denn Gäste hin und wieder die Freundlichkeit, sich uns zur Verfügung zu stellen.

TRAPS Das versteht sich doch von selbst.

RICHTER Sie brauchen aber nicht mitzuspielen, mein lieber Herr Traps.

TRAPS Natürlich spiele ich mit.

RICHTER Einen Whisky oder einen Wodka?

TRAPS Whisky.

VERTEIDIGER Zigarette?

TRAPS Danke schön.

VERTEIDIGER Feuer?

TRAPS Habe selber. Dunhill. Geschenk von meiner Frau.

STAATSANWALT Was nun Ihre Rolle betrifft, sehr geehrter Herr Traps, so ist sie nicht schwer zu spielen, jeder Stümper ist dazu fähig.

TRAPS Da bin ich aber neugierig.

RICHTER Den Richter, den Staatsanwalt und den Verteidiger haben wir schon, es sind dies ja auch Posten, bei denen eine Kenntnis der Materie und der Spielregeln notwendig ist. Nur die Rolle eines Angeklagten ist unbesetzt. Doch Sie sind in keiner Weise etwa gezwungen mitzuspielen, ich will dies noch einmal betonen.

TRAPS Was soll ich denn für ein Verbrechen begangen haben?

STAATSANWALT Ein unwichtiger Punkt, mein Freund. Ein Verbrechen läßt sich immer finden.

Leises Lachen.

TRAPS Da bin ich aber gespannt.

VERTEIDIGER Herr Traps, da Sie sich nun entschlossen haben, mitzuspielen, muß ich mit Ihnen ein ernstes Wörtchen reden.

TRAPS Mit mir?

VERTEIDIGER Ich bin schließlich Ihr Verteidiger.

TRAPS Das ist lieb von Ihnen.

VERTEIDIGER Kommen Sie, wir wollen im Speisezimmer den Porto probieren, den es hier gibt. Er ist alt, den müssen Sie kennenlernen.

Schritte.

VERTEIDIGER Ein schönes Speisezimmer, nicht wahr? Der große runde Tisch aufs festlichste gedeckt, feierliche Stühle mit hohen Lehnen, dunkle Bilder an den Wänden, echt antik, nicht so verrücktes Zeug wie man heute malt, von der Veranda her das Plaudern der Herren, durch die offenen Fenster flimmert der Abendschein, dringt das Gezwitscher der Vögel, auf diesem Tischchen stehen Flaschen, weitere noch auf dem Kamin, die Bordeaux in Körbchen gelagert. Kommen Sie, kommen Sie, das ist noch eine gemütliche Stimmung, noch heimelige Poesie, da wollen wir zwei Gläschen mit Porto füllen und darauf anstoßen.

Sie stoßen an.

TRAPS Vortrefflich.

VERTEIDIGER Nicht? Es ist am besten, Sie vertrauen mir Ihr Verbrechen gleich an, so kann ich garantieren, daß wir beim Gericht auch durchkommen. Der lange hagere Staatsanwalt mit seinem Monokel ist zwar schon gegen neunzig, aber immer noch im Besitze seiner geistigen Kräfte, war eine weltberühmte Kapazität einstens, und dann ist der Gastgeber auch sehr streng und vielleicht sogar pedantisch als Richter. Sie sehen, die Situation ist nicht ungefährlich. Trotzdem aber gelang es mir, die meisten Fälle durchzubringen, nur einmal bei einem Raubmord ist wirklich nichts zu retten gewesen. Aber ein Raubmord kommt bei Ihnen wohl nicht in Frage, wie ich Sie einschätze, oder doch?

TRAPS *lacht* Ich habe leider kein Verbrechen begangen, lieber Herr Dr. Kummer. Nur komisch, daß der Staatsanwalt ein Monokel trägt. Solche Dinger sind doch eigentlich aus der Mode gekommen. Prosit!

VERTEIDIGER Prosit. Da lobe ich mir meinen Zwicker. Sie fühlen sich unschuldig, Herr Traps?

TRAPS Na, hören Sie mal! Seh ich wie ein Verbrecher aus?

VERTEIDIGER Hm. Nun gut. Vor allem überlegen Sie sich jedes Wort, plappern Sie nicht vor sich hin, sonst sehen Sie sich zu einer langjährigen Zuchthausstrafe verurteilt, ohne daß noch zu helfen wäre.

TRAPS *lacht* Will ich, will ich. Ein vergnügliches Gesellschaftsspiel, muß ich schon sagen.

VERTEIDIGER Da kommen die übrigen. Setzen wir uns an den Tisch. Simone will servieren.

STAATSANWALT Was gibt's denn?

SIMONE Schildkrötensuppe.

PILET Fein.

ALLE Gesegnete Mahlzeit!

Man schlürft die Suppe.

STAATSANWALT Nun? Angeklagter, was haben Sie vorzuweisen? Ich hoffe, einen schönen stattlichen Mord.

VERTEIDIGER Ich muß protestieren, lieber Staatsanwalt. Mein Klient ist ein Angeklagter ohne Verbrechen, eine Rarität der Justiz. Er ist unschuldig, vollkommen unschuldig.

RICHTER Nanu?

STAATSANWALT Unschuldig?

PILET *dumpf* Hä?

RICHTER Ist noch nie vorgekommen.

STAATSANWALT Müssen wir untersuchen. Was es nicht geben kann, gibt es nicht.

TRAPS *lacht* Nur zu, Herr Staatsanwalt!

SIMONE Forellen, meine Herren, und dazu einen leichten, spritzigen Neuchâteller.

VERTEIDIGER Meine Lieblingsvorspeise!

PILET Fein.

STAATSANWALT Ihr Alter, Herr Traps?

TRAPS Fünfundvierzig.

STAATSANWALT Ihr Beruf?

TRAPS Generalvertreter.

STAATSANWALT Schön. Erlitten Sie eine Panne?

TRAPS Zufällig, zum ersten Mal seit einem Jahr.

STAATSANWALT Ach, und vor einem Jahr?

TRAPS Nun, da fuhr ich noch den alten Wagen. Einen Citroën 1939, doch jetzt besitze ich einen Studebaker, rotlackiertes Extramodell.

STAATSANWALT Studebaker? Ei, interessant! Und erst seit kurzem? Waren wohl vorher nicht Generalvertreter?

TRAPS Ein simpler gewöhnlicher Reisender in Textilien.

STAATSANWALT Konjunktur.

SIMONE Wünschen der Herr ausgelassene Butter zur Forelle oder Mayonnaise?

TRAPS Mayonnaise.

VERTEIDIGER *leise* Noch einmal, Herr Traps, passen Sie auf! Jede der Fragen des Staatsanwalts hat ihre heimliche Bedeutung.

TRAPS Meine Herren, ich muß sagen, daß ich bis jetzt die Abende in der Schlaraffia für das Komischste gehalten habe, was ich so kenne, doch dieser Herrenabend ist noch ulkiger.

STAATSANWALT Ach, Sie sind in der Schlaraffia? Aufschlußreich. Wie ist denn Ihr Spitzname dort?

TRAPS *stolz* Marquis de Casanova.

PILET Fein.

STAATSANWALT Darf von Ihrem Spitznamen auf Ihr Privatleben geschlossen werden?

VERTEIDIGER *leise* Aufgepaßt! *Laut* Brüsseler Salat, bitte!

TRAPS Lieber Herr Staatsanwalt, nur bedingt. Ich bin

strengstens verheiratet, Vater von vier Kindern, und wenn mir mit Weibern was außerehelich passiert, so nur zufälligerweise und ohne Ambition.

SIMONE Noch ein Gläschen Neuchâteller?

TRAPS Schmeckt riesig.

RICHTER Lieber Herr Traps, hätten Sie vielleicht die Güte, der hier versammelten Runde Ihr Leben in kurzen Zügen bekanntgeben zu wollen? Da wir ja beschlossen haben, über Sie als unsern lieben Gast und Sünder zu Gericht zu sitzen und Sie womöglich auf Jahre hinaus zu verknurren, so ist es nur angemessen, Näheres, Privates, Intimes zu erfahren, Weibergeschichten, wenn möglich gesalzen und gepfeffert.

DIE ANDERN Erzählen, erzählen!

PILET *dumpf* Einmal haben wir einen Zuhälter am Tisch gehabt, Herr Traps, der hat die spannendsten und bekanntesten Geschichten aus seinem Metier erzählt und ist zu alledem mit nur vier Jahren Zuchthaus davongekommen. War fein.

TRAPS Was gibt es schon von mir zu erzählen. Ich bin keineswegs ein Zuhälter. Führe ein alltägliches Leben, meine Herren, ein kommunes Leben, wie ich gleich gestehen will. Pupille.

DIE ANDERN Pupille!

Man stößt mit den Gläsern an.

SIMONE Champignons à la Crème, meine Herren, und dazu einen Châteauneuf du Pape.

PILET Fein.

RICHTER Nun, Herr Traps, die besinnliche Stimmung für Ihre Lebensgeschichte ist vorbereitet.

TRAPS Eine harte Jugend habe ich durchgemacht. Mein
Vater war Fabrikarbeiter, ein Proletarier, den Irrlehren
von Marx und Engels verfallen, ein verbitterter, freudloser Mann, der sich nie um mich kümmerte. Die
Mutter Wäscherin, früh verblüht. Nur die Primarschule durfte ich besuchen, nur die Primarschule.

STAATSANWALT Interessant. Nur die Primarschule. Haben sich aber mit Leibeskräften heraufgearbeitet, mein
Verehrter.

TRAPS Das will ich meinen. Noch vor zehn Jahren war
ich nichts als ein Hausierer und zog mit einem Köfferchen von Haus zu Haus. Harte Arbeit, Tippeln, Übernachten in Heuschobern, zweifelhaften Herbergen.
Von unten fing ich an in meiner Branche, ganz von
unten. Und jetzt, meine Herren, wenn Sie mein Bank-
konto sähen. Ich will mich nicht rühmen, aber hat
einer von euch einen Studebaker?

VERTEIDIGER *leise* Seien Sie doch vorsichtig!

STAATSANWALT Wie ist denn das gekommen?

VERTEIDIGER *leise* Passen Sie auf und reden Sie nicht so
viel.

TRAPS Ich habe die Alleinvertretung der Hephaiston auf
diesem Kontinent übernommen.

RICHTER Hephaiston? Mir schleierhaft, was dies sein soll.

TRAPS Und doch sind Sie nahe daran, verehrter Gastgeber
und Richter. Sie sagen selbst »schleierhaft«. Wenn es
heute Nylon, Perlon, Myrlon gibt, Kunststoffe, von
denen das hohe Gericht doch wohl hörte, so gibt es
auch Hephaiston, die Königin der Kunststoffe, unzer-
reißbar, durchsichtig, doch dabei gerade für Rheuma-
tiker eine Wohltat, ebenso verwendbar in der Industrie
wie in der Mode, für den Krieg wie für den Frieden,

der vollendete Stoff für Fallschirme und zugleich die pikanteste Materie für Nachthemden schönster Damen, wie ich aus eigener Forschung weiß.

DIE ANDERN Oho!

RICHTER Aus eigener Forschung!

PILET Fein.

SIMONE Kalbsnierenbraten, Artischocken und ein wohltemperierter St-Julien-Médoc 1927.

TRAPS Ein Festessen.

STAATSANWALT Will ich meinen. Unser Gastgeber kauft selber ein, der alte Gnom und Gourmet. Doch wie steht es nun mit Ihnen? Untersuchen, durchleuchten, durchforschen wir den Fall weiter. Wie kamen Sie beruflich zu einem so lukrativen Posten?

VERTEIDIGER *leise* Aufpassen. Jetzt wird's gefährlich.

TRAPS Das ist nicht leicht gewesen. Habe zuerst Gygax besiegen müssen, und das war eine harte Arbeit.

STAATSANWALT Ei, und Herr Gygax, wer ist denn dies wieder?

TRAPS Mein früherer Chef. Donnerwetter, der Bordeaux scheint großartig zu sein, nach dem Bouquet zu schließen.

STAATSANWALT Nun, Verehrtester, Herr Gygax befindet sich wohl?

TRAPS Der ist letztes Jahr gestorben.

VERTEIDIGER *leise* Sie sind wohl verrückt geworden?

STAATSANWALT Gestorben! Da hätten wir unseren Toten aufgestöbert, und das ist schließlich die Hauptsache. Meine Herren, auf diesen Fund hin wollen wir den St-Julien-Médoc goutieren.

Gläserklirren.

STAATSANWALT Nun also zu unserem Toten, der sich am Horizonte zeigt. Vielleicht läßt sich gar ein Mordchen aufweisen, das unser lieber Traps begangen haben könnte zu seiner und unserer Freude.

TRAPS *lachend* Muß bedauern, meine Herren, muß bedauern.

Gelächter.

STAATSANWALT Geben wir's nicht auf. Rekapitulieren wir. Herr Gygax ist vor einem Jahr gestorben?

TRAPS Vor acht Monaten.

STAATSANWALT Nachdem Sie seinen Posten erhalten haben?

TRAPS Kurz vorher.

STAATSANWALT Ei, und woran ist er denn gestorben?

TRAPS Eine Herzgeschichte.

STAATSANWALT Schön, mehr brauche ich einstweilen nicht zu wissen.

VERTEIDIGER *leise* Unvorsichtig, Traps, unvorsichtig. Glauben Sie mir, ich habe meine Erfahrung: gerade aus Herzgeschichten dreht einem der Staatsanwalt oft einen Strick.

STAATSANWALT Wie alt ist der Verewigte geworden, lieber Herr Traps?

TRAPS Zweiundfünfzig. Darf ich noch um etwas Sauce bitten?

RICHTER Blutjung.

VERTEIDIGER *leise* Und das alles gestehen Sie mit der größten Seelenruhe?

TRAPS *lachend* Keine Bange, mein lieber Herr Verteidiger, wenn erst einmal das Verhör beginnt, werde ich auf der Hut sein.

Stille.

VERTEIDIGER Unglücksmensch, was meinten Sie damit: wenn einmal erst das Verhör beginnt?

TRAPS Nun? Hat es etwa schon begonnen?

Gelächter.

RICHTER Er hat es nicht bemerkt, er hat es nicht bemerkt.

PILET Fein.

TRAPS *stutzend* Meine Herren, verzeihen Sie, ich dachte mir das Spiel feierlicher, würdiger, förmlicher, mehr Gerichtssaal.

RICHTER Liebster Herr Traps, Ihr bestürztes Gesicht eben war nicht zu bezahlen. Unsere Art Gericht zu halten kommt Ihnen fremd und allzu munter vor. Sehen Sie doch, Wertgeschätzter, wir vier an diesem Tisch sind pensioniert und haben uns vom unnötigen Wust der Formeln, Protokolle, Schreibereien, Gesetze befreit und was für Kram sonst noch unsere Gerichtssäle belastet. Wir richten ohne Rücksicht auf die lumpigen Gesetzbücher und Paragraphen.

TRAPS Ohne Paragraphen! Großartige Idee!

VERTEIDIGER Meine Herren, ich gehe Luft schnappen, bevor es zum Hähnchen und zum übrigen kommt, ein kleines Gesundheitsspaziergänglein und eine Zigarette tun gut. Ich lade Herrn Traps ein, mich zu begleiten.

TRAPS Aber gerne, Herr Verteidiger.

VERTEIDIGER Treten wir durch die Veranda in die Nacht hinaus, die nun endlich hereingebrochen ist, warm und majestätisch. Meine dichterische Ader, mein Freund. Geben Sie mir den Arm.

TRAPS Bitte sehr.

VERTEIDIGER Eine Zigarette.

TRAPS Mein Gott, war dies ein Jux da drin.

VERTEIDIGER Lieber Freund, bevor wir zurückkehren und das Hähnchen in Angriff nehmen, lassen Sie mich ein ernstes Wort an Sie richten, das Sie beherzigen sollten. Sie sind mir sympathisch, junger Mann, ich fühle zärtlich für Sie, ich will wie ein Vater zu Ihnen reden: wir sind im schönsten Zuge, unsern Prozeß in Bausch und Bogen zu verlieren.

TRAPS Pech. Aber seien Sie vorsichtig. Hier wittere ich einen Teich, eine Steinbank, setzen wir uns.

VERTEIDIGER Sterne spiegeln sich im Wasser, Kühle steigt auf. Die hat man nötig in dieser Sommernacht. Vom Dorfe her Handharmonikaklänge und Gesang, auch ein Alphorn beginnt feierlich zu blasen.

TRAPS Der Kleinviehzüchterverband feiert. Habe ich gelacht. Ein gar zu komisches Gesellschaftsspiel eben. In der nächsten Sitzung der Schlaraffia muß dies unbedingt auch eingeführt werden.

VERTEIDIGER Nicht wahr? Man lebt auf. Hingesiecht bin ich, lieber Freund, als ich meinen Rücktritt genommen hatte und plötzlich ohne Beschäftigung in diesem Dörfchen das Alter genießen sollte. Was ist denn hier los? Nichts, nur der Föhn nicht zu spüren, das ist auch alles. Gesundes Klima. Lächerlich ohne geistige Beschäftigung. Der Staatsanwalt lag im Sterben, bei unserem Gastgeber vermutete man Magenkrebs, das war das Resultat. Da kamen wir auf den Einfall, das Spiel einzuführen, und hei! – es wurde unser Gesundbrunnen, die Hormone kamen wieder in Ordnung, die Langeweile verschwand, Energie, Jugendlichkeit, Ela-

stizität, Appetit stellten sich ein. Wir spielen das Spiel
jede Woche, mit den Gästen des Richters, die unsere
Angeklagten abgeben, bald mit Hausierern, bald mit
Ferienreisenden, und vorgestern durften wir gar einen
Parlamentarier zu zwanzig Jahren Zuchthaus verurtei-
len, nur durch meine Kunst kam er nicht an den
Galgen.

TRAPS *lachend* Galgen! Sie machen aber Witze.

VERTEIDIGER Wieso denn?

TRAPS Die Todesstrafe ist ja abgeschafft!

VERTEIDIGER In der staatlichen Justiz, doch wir haben es
hier mit einer privaten Justiz zu tun und führten sie
wieder ein: gerade die Möglichkeit der Todesstrafe
macht unser Spiel so spannend.

TRAPS Da sollten Sie eigentlich auch einen Henker haben.

VERTEIDIGER Haben wir, haben wir: Herrn Pilet.

TRAPS *erschrocken* Pilet? Der immer »fein« sagt?

VERTEIDIGER Er war einer der vortrefflichsten, tüchtigsten im Nachbarlande, nun auch pensioniert, aber er
ist noch immer in seiner Kunst auf dem laufenden.
Was haben Sie denn?

TRAPS *mühsam* Ich weiß nicht. *Er bricht plötzlich in ein
Gelächter aus.* Fürchtete mich plötzlich. Aber das ist ja
Unsinn. Der Abend wäre ohne Henker weniger lustig
und ergötzlich, und ich freue mich schon, das Abenteuer bald in der Schlaraffia zum besten geben zu
können, wohin man den Henker sicher auch einmal
kommen lassen wird, gegen ein kleines Honorar und
Spesen – hören Sie?

VERTEIDIGER Was ist denn jetzt wieder los?

TRAPS *ängstlich* Das war doch ein Schrei!

VERTEIDIGER Ein Schrei?

TRAPS Im Hause.

VERTEIDIGER Ach, das war Tobias.

TRAPS Wer ist denn Tobias?

VERTEIDIGER Er hat seine Gattin vergiftet.

TRAPS Seine – Gattin?

VERTEIDIGER Wir haben ihn deshalb vor fünf Jahren zu lebenslänglichem Zuchthaus verurteilt. Eigentlich hätte er ja wirklich die Todesstrafe verdient, aber er ist vollständig unzurechnungsfähig.

TRAPS Vor fünf Jahren. Und er ist noch hier?

VERTEIDIGER Als Gast. Wenn wir keine anderen Gäste haben, spielt er die verschiedenen historischen Persönlichkeiten. Gestern eben war er Friedrich der Große. Nun hat er frei, da Sie ja gekommen sind. Er schläft in einem Zimmer für Lebenslängliche, nur ist er etwas unruhig in den Nächten, sonst eine ganz reizende Person.

TRAPS In einem Zimmer für Lebenslängliche?

VERTEIDIGER So nennen wir die Zimmer für jene Gäste, die wir zu lebenslänglichem Zuchthaus verurteilen. Wir haben für jede Art von Strafe ein Zimmer.

TRAPS *lacht* Bin wieder reingefallen. Habe mich wieder gefürchtet. Das ist wirklich ein zu komisches Haus.

VERTEIDIGER Vertrauen gegen Vertrauen, Sie brachten Gygax um, nicht?

TRAPS Ich?

VERTEIDIGER Na, wenn er doch tot ist.

TRAPS Dafür kann ich doch nichts.

VERTEIDIGER Mein lieber junger Freund, ich begreife Ihre Bedenken. Von den Verbrechen sind die Morde am peinlichsten zu gestehen. Mir können Sie jedoch ruhig beichten, ich kenne das Leben und habe für Sie volles Verständnis.

TRAPS Ich habe aber gar nichts zu gestehen.

VERTEIDIGER Junge, Junge! Was heißt das wieder! Gestehen muß man, ob man will oder nicht, und zu gestehen hat man immer was. Wohlan denn, lieber Freund, weder geziert noch gezaudert, sondern frisch von der Leber gesprochen, wie brachten Sie Gygax um?

TRAPS Mein lieber Herr Verteidiger, der besondere Reiz dieses Spiels besteht darin – wenn ich als Anfänger und ganz unmaßgeblich meine Meinung äußern darf –, daß einem dabei unheimlich und gruselig wird. Das Spiel droht in Wirklichkeit umzukippen. Man fragt sich auf einmal, bin ich nun ein Verbrecher oder nicht, habe ich den alten Gygax getötet oder nicht? Ganz durcheinander kommt man, wie im Kino geht's zu, das ist das Spannende, darum Vertrauen gegen Vertrauen: ich bin wirklich unschuldig am Tode des alten Gangsters.

VERTEIDIGER Na, gut. Unschuldig. Hoffen wir es. Kommen Sie, treten wir wieder ins Haus, ins Speisezimmer, wo das Hähnchen schon serviert ist und der Château Pavie 1921 in den Gläsern dunkel funkelt.

Stimmengewirr. Gelächter.

STAATSANWALT Da sind Sie ja wieder.

RICHTER Endlich.

PILET Fein.

STAATSANWALT Das Hähnchen ist großartig.

RICHTER Nach einem Geheimrezept Simones zubereitet.

STAATSANWALT Knusprig.

RICHTER Setzen Sie sich, meine Herren, wir schmatzen schon.

STAATSANWALT Eine Frage, liebster und ehrenhaftester

Angeklagter, eine Frage: Sie erzählten uns vorhin, Herr Gygax sei an einer Herzgeschichte gestorben. Stimmt das wirklich?

TRAPS *erheitert* Wirklich, Herr Staatsanwalt.

STAATSANWALT Hand aufs Herz?

TRAPS Aber ja.

STAATSANWALT Haben Sie den Gygax nicht vielmehr – vergiftet?

TRAPS *lachend* Nein, nichts dergleichen.

STAATSANWALT Nun, sagen wir: erschossen?

TRAPS Auch nicht.

STAATSANWALT Einen Autounfall arrangiert?

Gelächter.

VERTEIDIGER *leise* Aufpassen! Das ist eine Falle.

TRAPS Pech, Herr Staatsanwalt, ausgesprochen! Gygax starb an einem Herzinfarkt, und es war nicht einmal der erste, den er erlitt, schon Jahre vorher erwischte es den alten Gauner, ich weiß es bestimmt.

STAATSANWALT Ei, und von wem denn?

TRAPS Von seiner Frau, Herr Staatsanwalt.

STAATSANWALT Von seiner Frau?

VERTEIDIGER *leise* Aufpassen! Um Himmels willen.

TRAPS Meine Herren, dieser Château Pavie 1921 übertrifft meine Erwartung. Ich bin schon beim vierten Glas. Doch damit das hohe Gericht nicht etwa glaubt, ich verheimliche was, will ich die Wahrheit sagen und bei der Wahrheit bleiben, auch wenn mich der Verteidiger mit seinem »Aufpassen« umzischt. In einer so freundlichen und gemütlichen Gesellschaft braucht man sich doch nicht zu genieren, da erträgt man auch

die Wahrheit, will ich meinen. Mit Frau Gygax nämlich habe ich was gehabt. Nun ja, der alte Gangster ist
oft auf Reisen gewesen und hat sein gutgebautes und
leckeres Frauchen aufs grausamste vernachlässigt, da
mußte ich hin und wieder den Tröster abgeben auf
dem Kanapee in Gygaxens Wohnstube und später auch
bisweilen im Ehebett, wie es eben so kommt und wie
es der Lauf ist der Welt.

Riesengelächter.

RICHTER Ein Geständnis, ein Geständnis!

PILET Fein.

VERTEIDIGER So ein Unverstand!

TRAPS Meine Herren, was gibt es da zu lachen?

RICHTER Er kommt nicht drauf, er kommt nicht drauf!

STAATSANWALT Herr Traps, sind Sie immer noch mit Frau
Gygax befreundet?

VERTEIDIGER *leise* Achtung! Das ist eine entscheidende
Frage.

TRAPS Seit dem Tode Gygaxens habe ich das Frauchen
nicht mehr besucht. Ich wollte die brave Witwe
schließlich nicht in Verruf bringen.

Riesengelächter.

VERTEIDIGER *wütend* Reingefallen! Natürlich.

PILET Es kommt zum Todesurteil, es kommt zum Todesurteil!

SIMONE Käse.

TRAPS Reingefallen? Meine Herren, wieso denn? Es geht
hart zu im Geschäftsleben, das geb ich zu, wie du mir,

so ich dir, wer da ein übertriebener Gentleman sein will, kommt um. Ich habe schließlich Familie. Ich verdiene Geld wie Heu, doch schufte ich auch wie zehn Elefanten, jeden Tag spule ich meine sechshundert Kilometer mit meinem Studebaker herunter. Was wollen Sie, das Geschäftsleben ist nun einmal ein Ringkampf und das private Leben ein Karussell. Mal erliegt man einer Versuchung, mal nicht; mal gibt's ein Ehebrüchlein, mal nicht, das ist reine Glückssache, da kann mir keiner was vorwerfen.

STAATSANWALT Werden sehen, werden sehen!

RICHTER Meine Herren. Zur Feier des Abends entkorken wir eine Flasche Château Margot 1914. Der Zapfen ist noch ganz. Beriechen, bewundern wir ihn, übergeben wir ihn feierlich Herrn Traps zum Andenken an die wunderschönen Stunden, die wir in seiner Gegenwart verleben. Kosten wir den Wein!

TRAPS Wundervoll.

PILET Fein.

RICHTER Meine Herren, das Verhör unseres lieben Angeklagten wäre abgeschlossen. Ich fordere den Staatsanwalt auf, sein Anklageredchen zu halten.

VERTEIDIGER Nun gut, Herr Traps, hören wir uns diese Anklagerede an. Sie werden staunen, was Sie sich mit Ihren unvorsichtigen Antworten alles angerichtet haben. Verlieren Sie nur nicht den Kopf dabei, ich werde Ihnen schon aus der Patsche helfen. Kopf hoch! Konzentration ist vonnöten, innere Sammlung. Es ist still draußen, nur vom Dorfe her noch einige ferne Handorgelklänge, Männergesang ›Am Brunnen vor dem Tore‹, das soll uns nicht stören.

In der Ferne Männergesang.

STAATSANWALT Das Vergnügliche unseres Herrenabends, das Gelungene ist wohl, liebe Freunde, daß wir einem Mord auf die Spur gekommen sind, so raffiniert angelegt, daß er unserer staatlichen Justiz natürlicherweise mit Glanz entgangen ist.

TRAPS Einen Mord? Na, hören Sie mal! *Er bricht in Gelächter aus.* Ein wunderbarer Witz! Jetzt begreife ich die Geschichte! Man will mir einreden, ich hätte einen Mord begangen! Nee, meine Herren, damit haben Sie bei mir keinen Erfolg.

STAATSANWALT Dies gilt es nun zu beweisen, um so mehr, als sich der Angeklagte noch für unschuldig hält. Eins darf jedoch gesagt werden: es ist ein freudiges Ereignis, die Entdeckung eines Mordes, das unsere Herzen hochschlagen läßt, uns vor neue Aufgaben, Entscheidungen, Pflichten stellt, und so darf ich denn vor allem unserem lieben und verehrten Täter gratulieren, ist es doch ohne Täter nicht gut möglich, einen Mord zu entdecken, Gerechtigkeit walten zu lassen. Auf ein besonderes Wohl denn dem bescheidenen Alfredo Traps, den ein wohlmeinendes Geschick in unsere Mitte brachte.

Jubel. Gläserklirren.

ALLE Alfredo Traps lebe hoch!

TRAPS Meine Herren, die Liebe, mit der Sie mich feiern, rührt mich. Ich schäme mich meiner Tränen nicht, es ist mein schönster Abend.

STAATSANWALT Auch ich habe Tränen in den Augen.

TRAPS Staatsanwalt, lieber, lieber Freund!

STAATSANWALT Angeklagter, lieber, lieber Traps.

TRAPS Sagen wir Du zueinander.

STAATSANWALT Heiße Kurt. Auf dein Wohl, Alfredo!

TRAPS Auf dein Wohl, Kurt!

STAATSANWALT Ich denke mit Grauen an die Zeit zurück, da wir im Dienste des Staates ein trübes Handwerk verrichten mußten. Wie hat sich doch alles geändert. Hetzten wir einst von Fall zu Fall, referieren wir jetzt mit Muße, Gemütlichkeit, Fröhlichkeit, lernen den Angeklagten lieben, seine Sympathie schlägt uns entgegen, Verbrüderung hüben und drüben. Und das ist gut so, denn die Gerechtigkeit, liebe Freunde, ist etwas Heiteres, Beschwingtes und nicht etwas Fürchterliches, Schreckenverbreitendes, wie es die öffentliche Justiz geworden ist.

TRAPS Es lebe die Gerechtigkeit!

DIE ANDERN Es lebe die Gerechtigkeit!

STAATSANWALT Laß mich denn nach diesem Trinkspruch die Tat würdigen. Ich glaube, das rechte Wort getroffen zu haben, will doch meine Anklagerede nicht eine Schreckensrede sein, die unseren Freund genieren könnte, sondern eine Würdigung, die ihm sein Verbrechen aufweist, aufblühen läßt, zu Bewußtsein bringt: nur auf dem reinen Sockel der Erkenntnis ist es möglich, das fugenlose Monument der Gerechtigkeit zu errichten.

TRAPS Wie im Märchen, einfach wie im Märchen!

STAATSANWALT Was ist nun geschehen? Wie entdeckte ich, daß unserem lieben Freund ein Mord nachzurühmen ist, und nicht nur ein gewöhnlicher Mord, nein, ein virtuoser Mord, der ohne Blutvergießen, ohne

Mittel wie Gift, Pistolen und dergleichen durchgeführt worden ist?

TRAPS Das nimmt mich aber wunder.

STAATSANWALT Als Fachmann muß ich durchaus von der These ausgehen, daß ein Verbrechen hinter jedem Vorgang, hinter jeder Person lauern kann.

TRAPS Oho!

STAATSANWALT Die erste Ahnung ist dem Umstand zu verdanken gewesen, daß unser Generalvertreter noch vor einem Jahr einen alten Citroën fuhr und jetzt mit einem Studebaker herumstolziert.

TRAPS Da müßte es aber im Lande nur so von Mördern wimmeln!

STAATSANWALT Nun weiß ich allerdings, daß wir in einer Zeit der Hochkonjunktur leben, und so war die Ahnung noch vage, mehr einem Gefühl vergleichbar, vor einem freudigen Ereignis zu stehen, eben vor der Entdeckung eines Mordes. Daß unser lieber Freund den Posten seines Chefs übernommen, daß er den Chef verdrängen mußte, daß der Chef gestorben ist, all diese Tatsachen waren noch keine Beweise, sondern erst Momente, die jenes Gefühl bestärkten, fundierten. Verdacht, logisch unterbaut, kam erst hoch, als zu erfahren war, woran dieser sagenhafte Chef starb: an einem Herzinfarkt. Hier galt es anzusetzen, zu kombinieren, Scharfsinn, Spürsinn aufzubieten, diskret vorzugehen, sich an die Wahrheit heranzupirschen, das Gewöhnliche als das Außergewöhnliche zu erkennen, Bestimmtes im Unbestimmten zu sehen, Umrisse im Nebel, an einen Mord zu glauben, gerade weil es absurd schien, einen Mord anzunehmen.

TRAPS Ist auch absurd.

STAATSANWALT Überblicken wir das vorhandene Material. Entwerfen wir ein Bild des Verstorbenen. Wir
wissen wenig von ihm, was wir wissen, entnehmen wir
den Worten unseres sympathischen Gastes. Herr
Gygax war der Generalvertreter des Hephaiston-
Kunststoffes, dem wir alle die angenehmen Eigenschaften, die ihm unser liebster Alfredo nachsagt,
gerne zutrauen. Er war ein Mensch, dürfen wir folgern, der aufs Ganze ging, seine Untergebenen rücksichtslos ausnutzte, der Geschäfte zu machen verstand,
wenn auch die Mittel, mit denen er die Geschäfte
machte, oft mehr als bedenklich waren.

TRAPS Das stimmt, der Gauner ist vollendet getroffen.

STAATSANWALT Weiter dürfen wir schließen, daß Herr
Gygax gegen außen gern den Robusten, den Kraft-
meier, den erfolgreichen Geschäftsmann spielte, jeder
Situation gewachsen und mit allen Wassern gewa-
schen, weshalb er denn auch die schwere Herzkrank-
heit aufs sorgsamste geheimhielt, auch hier zitieren wir
Alfredo, nahm Gygax doch dieses Leiden in einer Art
trotziger Wut hin, wie wir uns denken können, als
einen persönlichen Prestigeverlust sozusagen.

TRAPS Wunderbar, geradezu Hexerei!

VERTEIDIGER *leise* Schweigen Sie doch!

STAATSANWALT Dazu kommt, daß der Verstorbene seine
Frau vernachlässigte, die wir uns als ein leckeres und
gutgebautes Frauenzimmer denken können – wenigstens hat sich unser Freund so ungefähr ausgedrückt –

TRAPS Ein tolles Weib!

STAATSANWALT Für Gygax zählte nur der Erfolg, das
Geschäft, und wir dürfen mit einer gewissen Wahr-
scheinlichkeit vermuten, daß er von der Treue seiner

Frau überzeugt und der Meinung war, eine so außergewöhnliche Erscheinung zu sein und ein so exzeptionelles Mannsbild, daß seiner Gattin nie auch nur der
leiseste Gedanke an einen Ehebruch gekommen sei,
weshalb es denn für ihn ein harter Schlag gewesen sein
müßte, hätte er von der Untreue seiner Frau mit
unserem bewunderten Casanova von der Schlaraffia
erfahren.

TRAPS War es auch!

STAATSANWALT *überrascht* War es auch?

VERTEIDIGER *leise* Reden Sie doch nicht immer einfach
drauflos, um Gottes willen. Jetzt haben Sie etwas ganz
Gefährliches ausgesagt.

STAATSANWALT Ei, wie erfuhr er denn davon, der alte
Sünder? Gestand ihm sein leckeres Frauchen?

TRAPS Dazu fürchtete sie sich vor dem Gangster zu gewaltig.

STAATSANWALT Kam Gygax selber dahinter?

TRAPS Dazu war er zu eingebildet.

STAATSANWALT Gestandest etwa du, mein lieber Freund
und Don Juan?

TRAPS Diese Frage zu beantworten, Kurt, ist peinlich.

VERTEIDIGER Ich mache Herrn Traps darauf aufmerksam,
daß diese Frage nicht beantwortet werden muß.

RICHTER Natürlich braucht dies Traps nicht.

STAATSANWALT Zugegeben.

TRAPS Hohes Gericht. Der Scharfsinn des Herrn Staatsanwalts verdient Entgegenkommen. Nur der spielt
richtig, der ein Spiel ernst nimmt, das gilt auch für
unser Spiel. Ich fürchte mich vor der Wahrheit nicht.
Ich gebe zu, daß einer meiner Freunde Gygax orien-
tierte und daß ich meinen Freund dazu überredete.

Ich liebe keine Heimlichkeit, hier nicht und damals nicht, als ich jenes Verhältnis mit der Käthi hatte.

Zuerst Stille. Dann homerisches Gelächter.

STAATSANWALT Ein Geständnis, ein wunderschönes Geständnis.

PILET Fein.

VERTEIDIGER Zu dumm, einfach zu dumm.

TRAPS Aber was haben Sie denn, meine Herren? Sie tanzen ja wie wild im Zimmer herum!

STAATSANWALT Meine Herren, gestatten Sie mir, daß ich vor Vergnügen auf den Stuhl klettere, um erhöht meine Rede fortzusetzen. Der Fall ist deutlich, die letzte Gewißheit gegeben. Betrachten wir den verehrten Mörder. Diesem Gangster von einem Chef war Alfredo also ausgeliefert. Noch im Kriege war er Hausierer gewesen, nicht einmal das, ohne Patent, ein Vagabund mit illegitimer Textilware stellen wir uns vor, ein kleiner Schwarzhändler, und nun hatte er sich verbessert, in ein Geschäft eingenistet, doch wer ruht auf dem Aste aus, der endlich erklettert ist, wenn über ihm, dem Gipfel zu, poetisch gesagt, sich weitere Äste mit noch besseren Früchten zeigen? Zwar verdiente er gut, flitzte von Textilgeschäft zu Textilgeschäft, der Citroën war nicht schlecht, doch unser lieber Alfredo sah links und rechts neue Modelle auftauchen, vorbeiflitzen, ihm entgegenrasen und ihn überholen. Der Wohlstand stieg im Land, wer wollte da nicht mittun?

TRAPS Genau so war es, genau so. Das geb ich zu.

STAATSANWALT Das war leichter beschlossen als getan. Sein Chef ließ ihn nicht hochkommen, bösartig, zäh nützte er ihn aus, gab ihm Vorschüsse auf neue Bindungen, wußte ihn immer unbarmherziger zu fesseln.

TRAPS Richtig, Sie ahnen nicht, meine Herren, wie ich vom alten Gangster in die Zange genommen wurde.

STAATSANWALT Da mußte aufs Ganze gegangen werden.

TRAPS Und wie!

STAATSANWALT Unser lieber Freund ging zuerst geschäftlich vor. Wir können uns ungefähr ein Bild machen, wie. Überlegen wir seine Natur, seinen Charakter. Er setzte sich heimlich mit den Lieferanten seines Chefs in Verbindung, sondierte, versprach bessere Bedingungen, stiftete Verwirrung, unterredete sich mit anderen Textilreisenden, schloß Bündnisse und gleichzeitig Gegenbündnisse.

TRAPS Was wollen Sie denn eigentlich, meine Herren, das ist doch üblich.

STAATSANWALT Doch dann kam er auf die Idee, noch einen anderen Weg einzuschlagen.

TRAPS Einen anderen Weg?

STAATSANWALT Er begann mit dem leckeren Frauenzimmerchen, der Frau Gygax, ein Verhältnis. Wie kam er dazu? Vielleicht war es einmal spät abends, können wir uns denken.

TRAPS Richtig.

STAATSANWALT Vielleicht im Winter, so um sechs herum, während die Stadt schön nächtlich war, mit goldenen Straßenlaternen, mit erleuchteten Schaufenstern und Kinos und grünen und gelben Leuchtreklamen überall, gemütlich, wollüstig, verlockend.

TRAPS Getroffen!

STAATSANWALT Er war mit dem Citroën über die glitschigen Straßen nach dem Villenviertel gefahren, wo sein Chef wohnte.

TRAPS Ja, ja, Villenviertel.

STAATSANWALT Eine Mappe unter dem Arm, Aufträge, Stoffmuster, eine wichtige Entscheidung war zu fällen, doch befand sich Gygaxens Limousine nicht an ihrem gewohnten Platz am Trottoirrand, trotzdem ging er durch den dunklen Park, läutete, Frau Gygax öffnete, ihr Gatte käme heute nicht nach Hause und das Dienstmädchen sei ausgegangen, trotzdem solle Traps doch einen Aperitif nehmen, sie lade ihn herzlich ein.

TRAPS Das ist ja verhext, wie du das alles weißt, Kurt-chen!

STAATSANWALT Übung! Die Schicksale spielen sich alle gleich ab. Sie saßen im Salon beieinander. Es war nicht einmal eine Verführung, weder von seiten Trapsens noch von jener der Frau, es war eine Gelegenheit, die er ausnützte. Sie war allein und langweilte sich, dachte an nichts Besonderes, war froh, mit jemandem zu sprechen, die Wohnung angenehm warm. Sie war im Abendkleid, stellen wir uns vor, oder – noch besser, in einem Bademantel mit bunten Blumen. Und wie Traps so neben ihr saß und ihren weißen Hals sah, den Ansatz ihrer Brust, und sie zu plaudern begann, böse über ihren Mann, enttäuscht, wie unser verehrter Freund wohl spürte, begriff er erst, daß er hier anset-zen müsse, als er schon angesetzt hatte. Und dann erfuhr er bald alles über Gygax: wie bedenklich es mit seiner Gesundheit stehe, und wie er überzeugt sei, daß ihn seine Frau nicht betrüge, denn von einer Frau, die sich an ihrem Mann rächen will, erfährt man alles, und so fuhr er fort mit dem Verhältnis, denn nun war es seine Absicht, denn nun ging es ihm darum, seinen Chef auch mit diesem Mittel zu ruinieren, komme was da wolle.

TRAPS Mit diesem Mittel?

STAATSANWALT So nahm denn die böse Geschichte ihren Lauf, und so kam denn der Augenblick, wo er alles in der Hand hatte, Geschäftspartner, Lieferanten, die mollige Frau in den Nächten, und so zog er die Schlinge zu, beschwor den Skandal herauf.

TRAPS *langsam, staunend* Und so zog ich die Schlinge zu?

STAATSANWALT Dann kam das Verhängnis, die Stunde, da Gygax alles erfuhr. Noch konnte der alte Gangster heimfahren, stellen wir uns vor, wuterfüllt, schon im Wagen Schweißausbruch, Schmerzen in der Herzgegend, zitternde Hände, Verkehrszeichen, die übersehen wurden, Polizisten, die ärgerlich pfiffen, mühsamer Gang von der Garage zur Haustüre, Zusammenbruch, noch im Korridor vielleicht, als ihm die Gattin entgegentrat.

TRAPS *leise* Aber ich bin doch daran nicht schuld!

STAATSANWALT Es ging nicht mehr lange, der Arzt gab noch Morphium, dann hinüber, endgültig, noch ein unwichtiges Röcheln, Aufschluchzen, Traps zu Hause im Kreise seiner Gattin, seiner vier Kinder, nimmt das Telephon ab.

TRAPS Fürchterlich, so ist es ja gewesen.

STAATSANWALT Bestürzung, innerer Jubel, Es-ist-erreicht-Stimmung, drei Wochen später Studebaker. Dies die Vorgänge. Ich fasse zusammen, stelle den Strafantrag.

TRAPS Mein Gott, was soll ich denn getan haben?

STAATSANWALT Herr Gygax ist systematisch ermordet worden.

TRAPS Systematisch?

STAATSANWALT Freund Alfredo handelte dolo malo, mit
böswilligem Vorsatz. Er handelte im klaren Bewußtsein, daß ein Ehebruch Gygax tödlich treffen konnte.

TRAPS Das wußte ich doch nicht.

Schweigen.

STAATSANWALT Ach? Sie wußten nicht, daß Gygax krank
war, gefährlich krank, daß eine große Aufregung, eine
mächtige Gemütsbewegung ihn töten konnte?

Schweigen.

TRAPS Das habe ich nicht gesagt.

STAATSANWALT Was haben Sie nicht gesagt?

TRAPS Ich gab zu, daß er schwer krank war, der alte
Gangster, aber nicht, daß eine mächtige Aufregung ihn
töten konnte.

STAATSANWALT Aber Sie wollten doch in unserer gemütlichen Gesellschaft nur die Wahrheit sagen, lieber
Freund Alfredo.

Schweigen.

TRAPS Nun gut. Natürlich konnte ihn eine Aufregung
töten. War ja auch ein Wahnsinn, in seinem Zustand
noch den Beruf auszuüben. Aber ich habe mich vorhin
nur schlecht ausgedrückt. Ich wollte sagen, daß mein
Verhältnis mit seiner Frau nichts mit seiner schweren
Krankheit zu tun hatte.

STAATSANWALT Nichts?

TRAPS Wirklich nichts.

STAATSANWALT Weshalb ließen Sie denn Herrn Gygax über den Fehltritt seiner Gemahlin informieren?

TRAPS *unsicher* Das sagte ich doch schon: weil ich keine Heimlichkeiten vertrage.

STAATSANWALT Das freut mich. Ein wirklich positiver Charakterzug, liebster Freund Alfredo. Was sagte denn Frau Traps dazu?

TRAPS Meine Frau?

STAATSANWALT Haben Sie Ihre Gemahlin auch informieren lassen – da Sie ja keine Heimlichkeiten vertragen?

TRAPS Ich – ich habe doch Kinder, Herr Staatsanwalt, ich kann doch meine Ehe nicht zerstören, das müssen Sie begreifen.

STAATSANWALT Aber natürlich, lieber Traps. Dann hat Frau Gygax also keine Kinder?

Schweigen.

STAATSANWALT Nun?

TRAPS *leise* Doch. Auch.

STAATSANWALT Auch. Sonderbar. Aber ihre Ehe durfte zerstört werden?

Schweigen.

TRAPS *entschlossen* Nun gut. Wenn der Herr Staatsanwalt es unbedingt wissen will: ich wollte ihre Ehe zerstören.

STAATSANWALT Ach.

TRAPS Aus Leidenschaft. Weil ich Frau Gygax liebe.

STAATSANWALT Verstehe. Casanova in Flammen. Doch warum besuchen Sie jetzt Ihre Geliebte nicht mehr?

TRAPS *verzweifelt* Herr Verteidiger!

STAATSANWALT Der wird nachher schon noch reden. Einstweilen reinigt er nervös seinen Zwicker. Antworten Sie lieber auf meine Frage.

TRAPS Ich mußte doch im Geschäft vorwärtskommen. Koste es, was es wolle. Aber Herrn Gygax wollte ich nicht töten, wirklich nicht. Ich dachte nicht im Traum daran.

STAATSANWALT Sie dachten nicht daran? Nicht einmal im Traum?

TRAPS Ich rede die Wahrheit, ich schwöre es. Glauben Sie mir doch!

STAATSANWALT Ich glaube Ihnen ja aufs Wort, liebster Freund Alfredo. Ich will nur gewisse Widersprüche auflösen, die sich bei der Wahrheit herausgestellt haben, nichts weiter. Sie brauchen mir nur zu erklären, was Sie mit der Mitteilung über Ihren Ehebruch bei Gygax bezweckten, und alles ist in Ordnung. Es geschah nicht aus Wahrheitsliebe, es geschah nicht aus Liebe zu Frau Gygax, warum geschah es denn?

TRAPS Es geschah – ich wollte ihn schädigen.

STAATSANWALT Das ist eine Antwort. Jetzt sind wir schon ein Stück weiter. Wie schädigen?

TRAPS *mühsam* Einfach irgendwie –

STAATSANWALT Geschäftlich?

TRAPS Ja, geschäftlich – das heißt, eigentlich nicht, mit Geschäft hatte diese Affäre ja nichts zu tun.

STAATSANWALT Also gesundheitlich?

TRAPS Eher. Das vielleicht auch.

STAATSANWALT Einen schwerkranken Mann gesundheitlich zu schädigen versuchen, heißt doch eigentlich, ihn zu töten versuchen, finden Sie nicht?

TRAPS Aber Herr Staatsanwalt, das ist doch nicht möglich, das können Sie mir doch nicht zutrauen?

STAATSANWALT Es war aber möglich.

TRAPS Ich habe mir doch dabei nichts überlegt!

STAATSANWALT Sie gingen völlig planlos vor?

TRAPS Nein, das auch nicht.

STAATSANWALT Also planvoll?

TRAPS Mein Gott, warum quälen Sie mich denn?

STAATSANWALT Ich quäle Sie doch nicht. Sie quälen sich. Ich will Ihnen nur zur Wahrheit verhelfen. Es ist für Sie wichtig zu wissen, ob Sie gemordet haben oder nicht. Man mordet oft, ohne es zu wissen. Das muß ich aufklären; oder fürchten Sie sich vor der Wahrheit?

TRAPS Nein, ich habe ja schon gesagt, daß ich mich nicht davor fürchte.

STAATSANWALT Nun? Was ist nun die Wahrheit?

Schweigen.

TRAPS *langsam* Ich dachte manchmal, daß ich Gygax am liebsten den Hals umdrehen, daß ich ihn töten möchte, aber das tut man doch nun einmal so, das denkt doch jeder hin und wieder.

STAATSANWALT Aber Sie haben es ja nicht nur gedacht, Angeklagter, Sie haben auch gehandelt.

TRAPS Das schon – aber er starb doch an einem Herzinfarkt, und daß er einen kriegt, war doch nicht sicher.

STAATSANWALT Sie mußten aber mit der Möglichkeit rechnen, daß er einen erleiden würde, wenn er von der Untreue seiner Frau erführe.

TRAPS Damit mußte man ja immer rechnen.

STAATSANWALT Und trotzdem haben Sie gehandelt.

TRAPS *verzweifelt* Geschäft ist doch Geschäft.

STAATSANWALT Und Mord ist Mord. Sie gingen gegen Gygax vor, auch als Sie wußten, daß Sie ihn töten könnten.

TRAPS Nun ja –

STAATSANWALT Gygax ist tot. Also haben Sie ihn getötet.

TRAPS Na ja – indirekt schon.

STAATSANWALT Sind Sie nun ein Mörder oder nicht?

TRAPS Ich sehe es ein – ich bin ein Mörder.

STAATSANWALT Der Angeklagte gesteht. Es liegt ein psychologischer Mord vor, auf eine derart raffinierte Weise ausgeführt, daß außer einem Ehebruch scheinbar nichts Gesetzwidriges passierte, scheinbar, weshalb denn, da dieser Schein nun zerstört ist, ich als Staatsanwalt unseres privaten Gerichts die Ehre habe – und damit komme ich zum Schluß meiner Würdigung – die Todesstrafe für Alfredo Traps zu fordern.

TRAPS *wie erwachend* Ich habe getötet.

SIMONE Torte, meine Herren, Mokka, Cognac aus dem Jahre 1893!

PILET Fein.

VERTEIDIGER Da haben wir das Unglück! Wieder einmal ein Angeklagter zusammengebrochen, wieder einmal gesteht einer. Da soll ich Verteidiger sein. Halten wir uns an die Schönheit der Stunde, an die Erhabenheit der Natur vor den Fenstern. Die Buchen rauschen. Zwei Uhr nachts, das Fest im ›Bären‹ verstummt, nur noch das Schlußlied trägt uns der Wind herüber, ›Unser Leben gleicht der Reise‹.

Ferner Männergesang.

RICHTER Der Verteidiger hat das Wort.

VERTEIDIGER Ich habe mit Vergnügen der erfindungsrei-
chen Rede zugehört, die unser Staatsanwalt eben hielt,
meine Herren. Gewiß, der alte Gangster Gygax ist tot,
mein Klient hatte schwer unter ihm zu leiden, steigerte
sich auch in eine wahre Animosität gegen ihn hinein,
versuchte ihn zu stürzen, wer will das bestreiten, wo
kommt das nicht vor, phantastisch nur, diesen Tod
eines herzkranken Geschäftsmannes als Mord hinzustellen.

TRAPS Aber ich habe doch gemordet!

VERTEIDIGER Im Gegensatz zum Angeklagten halte ich
den Angeklagten für unschuldig, ja, nicht zur Schuld
fähig.

TRAPS Aber ich bin doch schuldig!

VERTEIDIGER Daß er sich selbst zu dem vom Staatsanwalt
so raffiniert fingierten Mord bekennt, ist psycholo-
gisch leicht zu begreifen.

TRAPS Aber es gibt doch nur zu begreifen, daß ich ein
Verbrechen begangen habe.

VERTEIDIGER Man braucht den Angeklagten nur zu betrachten, um seine Harmlosigkeit zu erkennen. Er
genießt es, in unserer Gesellschaft geliebt, gewürdigt,
verehrt zu sein, bewundert auch ein wenig dank seinem roten Studebaker, so daß der Gedanke, einen
richtigen, perfekten, durchaus nicht stümperhaften
Mord begangen zu haben, ihm zu gefallen beginnt,
schwer vom Neuchâteller, vom Burgunder, vom wun-
dersamen Cognac aus dem Jahre 1893. So ist es denn
natürlich, daß er sich nun wehrt, sein Verbrechen
wieder in etwas Gewöhnliches, Bürgerliches, Alltägliches zurückverwandelt zu sehen, in ein Ereignis, das
nun eben das Leben mit sich bringt, das Abendland,

unsere Zivilisation, die den Glauben, das Christentum, das Allgemeine mehr und mehr verlor, chaotisch geworden ist, so daß dem einzelnen kein Leitstern blinkt, Verwirrung, Verwilderung als Resultate auftreten, Faustrecht und Fehlen einer wahren Sittlichkeit, so daß denn unser guter Traps eben nicht als ein Verbrecher, sondern als ein Opfer unserer Zeit anzusehen ist.

TRAPS Das ändert doch nichts daran, daß ich ein Mörder bin.

VERTEIDIGER Traps ist ein Beispiel für viele. Wenn ich ihn als zur Schuld unfähig bezeichne, so will ich damit nicht behaupten, daß er schuldlos ist: im Gegenteil. Er ist vielmehr verstrickt in alle möglichen Arten von Schuld, er ehebrüchelt, schwindelt, gaunert sich durchs Leben, aber nicht etwa so, daß sein Leben nur aus Ehebruch, Schwindel und Gaunerei bestände, nein, er hat auch seine guten Seiten, durchaus, seine Tugenden, er ist ein Ehrenmann, nehmt alles nur in allem, nur ist er von Unkorrektem, Schuldigem wie angesäuert, leicht verdorben, wie dies eben bei jedem Durchschnittsleben der Fall ist: doch gerade deshalb wieder ist er zur großen, reinen, stolzen Schuld, zur eindeutigen Tat, zum entschlossenen Verbrechen nicht fähig und träumt nun aus diesem Mangel heraus, es begangen zu haben.

TRAPS Aber es ist doch gerade umgekehrt, Herr Verteidiger. Vorher träumte ich, unschuldig zu sein, und nun bin ich wach geworden und sehe, daß ich schuldig bin.

VERTEIDIGER Betrachten wir den Fall Gygax nüchtern, objektiv, ohne den Mystifikationen des Staatsanwalts zu erliegen, kommen wir zum Resultat, daß der alte

Gangster seinen Tod im wesentlichen sich selbst zu verdanken hat, seinem unordentlichen Leben, seiner Konstitution – was die Managerkrankheit bedeutet, wissen wir zur Genüge: Unrast, Lärm, zerrüttete Ehe und Nerven. Dies gilt es nun zu beweisen. Ich will meinem Klienten eine bestimmte Frage stellen. Angeklagter, wie war denn das Wetter an jenem Abend, als Gygax starb?

TRAPS Föhnsturm, Herr Verteidiger. Viele Bäume wurden entwurzelt.

VERTEIDIGER Sehr schön. Damit dürfte wohl auch der äußere Anlaß gegeben sein, der zum Tode führte, häufen sich doch erfahrungsgemäß bei starkem Föhn die Herzinfarkte, Kollapse, Embolien.

TRAPS Darum geht es doch nicht!

VERTEIDIGER Nur darum geht es, lieber Herr Traps. Es handelt sich eindeutig um einen bloßen Unglücksfall, aus dem man uns einen Mord konstruieren will, als sei es durch teuflische Berechnung zum Tode Gygaxens gekommen, als hätte der Zufall keine Rolle gespielt. Das sind begreifliche Wünsche, doch keine Realitäten. Natürlich hat mein Klient rücksichtslos gehandelt, doch er ist nun eben den Gesetzen des Geschäftslebens unterworfen, natürlich hat er oft seinen Chef töten wollen, was denken wir nicht alles, was tun wir nicht alles in Gedanken, aber eben nur in Gedanken; eine Tat außerhalb dieser Gedanken ist nicht vorhanden, nicht feststellbar. Daß der Angeklagte durch seine unglückliche Mitteilung über den Ehebruch Gygax ärgern wollte, mein Gott, ist schließlich begreiflich, Gygax war ja selbst rücksichtslos, brutal, nützte seinen Untergebenen aus. Und weshalb unseren guten Traps nun auch damit belasten, daß er nicht mehr zur Witwe geht? Es war ja schließlich auch keine Liebe! Nein, meine Herren, es ist absurd, meinen Klienten damit zu behaften, noch absurder, wenn er sich nun selber einbildet, einen Mord begangen zu haben, er hätte gleichsam zu seiner Autopanne noch eine zweite, eine geistige Panne erlitten, und somit beantrage ich für Alfredo Traps den Freispruch.

TRAPS *außer sich* Meine Herren, ich habe eine Erklärung abzugeben.

RICHTER Der Angeklagte hat das Wort.

TRAPS *leise* Ich habe die ungeheuerliche Rede meines Verteidigers mit Entrüstung vernommen, diejenige des Staatsanwalts mit tiefster Erschütterung. Zur Rede des Verteidigers möchte ich mich nicht äußern, sie stellt eine einzige Verleumdung dar, zur Rede des Staatsanwalts sind jedoch einige leise Berichtigungen am Platz, nicht, daß sie wichtig wären, doch, glaube ich, könnten sie dienen, der Wahrheit ganz zum Durchbruch zu verhelfen. So hat mich Frau Gygax nicht in einem Bademantel empfangen, sondern in einem dunkelroten Kimono, auch hat der Infarkt Herrn Gygax nicht im Korridor getroffen, sondern in seinem Lagerhaus, noch eine Einlieferung ins Spital, dann Tod unter dem Sauerstoffzelt, doch dies ist, wie gesagt, unwesentlich. Ich bin ein Mörder. Ich wußte es nicht, als ich dieses Haus betrat, wollte es wohl nicht wissen, nun weiß ich es. Ich wagte nicht daran zu denken, ich war offenbar zu feige, ehrlich zu sein, nun habe ich den Mut dazu. Ich bin schuldig. Ich erkenne es mit Entsetzen, mit Staunen. Die Schuld ist in mir aufgegangen, kommt es mir vor, wie eine Sonne, erhellt mein Inneres, verbrennt es. Mehr habe ich nicht zu sagen. Ich bitte das Gericht um das Urteil.

RICHTER Lieber Alfredo Traps. Sie stehen vor einem Privatgericht. Es ist daher in diesem feierlichen Moment meine Pflicht, an Sie die Frage zu richten, ob Sie das Urteil unseres nicht staatlichen, sondern privaten Gerichts auch anerkennen?

TRAPS Ich nehme dieses Urteil an.

RICHTER Sehr schön. Sie anerkennen unser Gericht. Ich erhebe mein Glas, gefüllt mit braungoldenem Cognac aus dem Jahre 1893. Du hast gemordet, Alfredo Traps, nicht mit einer Waffe, nein, allein durch die Gedankenlosigkeit der Welt, in der du lebst; denn daß alles Absicht war, wie der Staatsanwalt uns glauben machen will, scheint mir nicht so ganz bewiesen. Du hast getötet, allein dadurch, daß es dir das Nützlichste war, jemand an die Wand zu drücken, rücksichtslos vorzugehen, geschehe, was da wolle. In der Welt, die du mit deinem Studebaker durchbrausest, wäre dir nichts geschehen, aber nun bist du zu uns gekommen, in unsere stille weiße kleine Villa, zu vier alten Männern, die in deine Welt hineingeleuchtet haben mit dem reinen Strahl der Gerechtigkeit. Sie trägt seltsame Züge, unsere Gerechtigkeit, ich weiß, ich weiß, sie grinst aus vier verwitterten Gesichtern, spiegelt sich im Monokel eines greisen Staatsanwalts, im Zwicker eines dichterischen Verteidigers, kichert aus dem zahnlosen Munde eines betrunkenen, schon etwas lallenden Richters, leuchtet rot auf der Glatze eines dicken, abgedankten Henkers, es ist eine verkehrte, groteske, schrullige, pensionierte Gerechtigkeit, aber auch als solche eben die Gerechtigkeit, in deren Namen ich

nun, mein armer, lieber Alfredo, dich zum Tode verurteile.

TRAPS *leise, gerührt* Hohes Gericht, ich danke. Ich danke
von ganzem Herzen.

RICHTER Henker, führen Sie den Verurteilten in das Zimmer für die zum Tode Verurteilten.

PILET Fein.

STAATSANWALT Ein schöner Abend, ein lustiger Abend,
ein göttlicher Abend.

RICHTER Haben gut gespielt.

VERTEIDIGER Habe einfach eine Pechsträhne.

STAATSANWALT Unsere Arbeit wäre erledigt.

VERTEIDIGER Nun hat unser lieber Pilet seines Amtes zu
walten. Ist aber auch höchste Zeit. Der Morgen steht
in den Fenstern, mit seinem steinernen Licht, und die
ersten Vögelchen zwitschern.

PILET Fein. Kommen Sie, Herr Traps.

TRAPS Ich komme.

PILET Fein. Die Treppe. Ich gebe Ihnen den Arm.

TRAPS Danke schön.

PILET Fein.

TRAPS Sie haben wohl schon – ich meine – Sie haben wohl
schon viele Menschen zum Tode geführt?

PILET Aber ja – mit meiner Praxis.

TRAPS Verstehe.

PILET Fein. Achtung. Jetzt sind Sie gestolpert. Hebe Sie
auf.

TRAPS Danke schön.

PILET Ich sage Ihnen, manchmal haben die Leute Angst
gehabt. Konnten kaum mehr gehen.

TRAPS Ich gebe mir Mühe, mutig zu sein. Was ist denn
dies für ein merkwürdiges Ding an der Wand?

PILET Eine Daumenschraube.

TRAPS Eine Daumenschraube?

PILET Fein, nicht?

TRAPS Das ist doch ein Folterinstrument?

PILET Antik. Das Haus ist voll von diesen Dingen. Herr Werge sammelt sie.

TRAPS Und – dieser Schragen?

PILET Aus der Renaissance – um die Knochen zu brechen. Da ist Ihr Zimmer. Für die zum Tode Verurteilten. Neben dem für die zu lebenslänglichem Zuchthaus Verurteilten.

TRAPS *voll Angst* Hören Sie?

PILET Nur der Tobias. Schläft unruhig.

TRAPS Und jetzt ein Stöhnen.

PILET Der Parlamentarier von vorgestern. Schläft immer noch seinen Riesenrausch aus.

TRAPS Sie brauchen sich nicht zu verstellen, Herr Pilet, wirklich nicht, ich verstehe nun dieses Haus. *Er keucht vor Angst.*

PILET Ruhe, Ruhe. Gleich geht alles vorüber. Treten Sie ein.

Eine Türe knarrt.

PILET Fließendes Wasser, ein breites Bett, fein.

TRAPS Das ist alles nicht mehr nötig. Was ist denn dies für eine Staffelei?

PILET Staffelei? Das ist doch die Guillotine. Gehört auch zur Sammlung.

TRAPS Die – die Guillotine.

PILET Fein. Fühlen Sie mal. Eichenholz. Ziehe nun das Fallbeil hoch. Scharfgeschliffen. So, nun ist sie parat, ging aber schwer.

TRAPS Pa- parat.

PILET Fein. Ziehen Sie den Rock aus.

TRAPS Verstehe. Das muß ja sein.

PILET Helfe Ihnen. Nun öffnen wir den Kragen.

TRAPS Danke – ich kann es schon selber.

PILET Sie zittern ja.

TRAPS Habe schließlich auch allen Grund dazu. Ist schließlich kein Spaß das Ganze.

PILET Haben eben zuviel getrunken. So, jetzt ist der Kragen offen.

TRAPS Ich habe nichts mehr zu sagen. Ich bin schließlich ein Mörder. Machen Sie schnell.

PILET Fein.

TRAPS Ich bin bereit –

PILET Und die Schuhe?

TRAPS Die Schuhe?

PILET Wollen Sie denn nicht die Schuhe ausziehen?

TRAPS Das ist doch nicht nötig!

PILET Na, hören Sie mal! Sie sind aber ein feiner Herr. Wollen Sie denn mit den Schuhen ins Bett?

TRAPS Ins Bett?

PILET Wollen Sie denn nicht schlafen?

TRAPS Schlafen?

PILET Fein. So, nun legen Sie sich mal hin.

TRAPS Aber –

PILET So, nun decke ich Sie zu. Fein.

TRAPS Aber ich bin doch ein Mörder, Herr Pilet, ich muß doch hingerichtet werden, Herr Pilet, ich muß doch – nun ist er gegangen – hat das Licht ausgelöscht. Ich bin doch ein Mör – ich bin doch ein – ich bin doch – ich bin doch müde, alles ist ja schließlich nur ein Spiel, ein Spiel, ein Spiel! *Er schläft ein.*

SIMONE Herr Traps. Wachen Sie auf. Der Garagist ist mit Ihrem Wagen da.

TRAPS Wagen?

SIMONE Aber was haben Sie denn, Herr Traps? Es ist neune.

TRAPS Neun Uhr? Um Gottes willen, mein Geschäft. Muß einen zusammengetrunken haben, letzte Nacht. Die Schuhe, wo sind die Schuhe? Den Kragen zu, nun den Rock. Hängt an der Staffelei.

SIMONE Da sind Sie ja schon angezogen, Herr Traps. Herr Werge läßt sich entschuldigen. Wollen Sie nicht frühstücken? Der Parlamentarier sitzt schon im Speisezimmer.

TRAPS Keine Zeit. Muß weiter. Bin verspätet. Auf Wiedersehen. Vielen Dank für die Gastfreundschaft. War spaßig. Nun, nichts wie los durch den Garten über die Kieswege.

TOBIAS Gestatten der Herr, daß ich ihm die Gartentüre aufschließe?

TRAPS Wer sind Sie denn?

TOBIAS Ich bin Herr Tobias, mein Herr. Besorge Herrn Werges Garten. Ein Trinkgeldchen?

TRAPS Da haben Sie eine Mark.

TOBIAS Danke schön dem Herrn, danke schön.

TRAPS Der Wagen in Ordnung?

GARAGIST Fehler in der Kupplung. Zwanzig Mark fünfzig.

TRAPS Da. Und nun ans Steuer!

Leise Schlagermusik.

TRAPS Muß komisches Zeug zusammengeredet haben

letzte Nacht. Was war denn eigentlich los? So was wie eine Gerichtsverhandlung. Bildete mir ein, einen Mord begangen zu haben. So ein Unsinn. Ausgerechnet ich. Kann ja keinem Tierchen was zuleide tun. Auf was die Leute kommen, wenn sie pensioniert sind. Na, vorbei. Habe andere Sorgen, wenn man so mitten im Geschäftsleben steht. Dieser Wildholz! Rieche den Braten. Fünf Prozent will der abkippen, fünf Prozent. Junge, Junge. Rücksichtslos gehe ich nun vor, rücksichtslos. Dem drehe ich den Hals um. Unnachsichtlich!!

Die Panne

Eine Komödie

Gewidmet Egon Karter
und den Schauspielerinnen und
Schauspielern seines Gastspieltheaters
Ellen Frank   Eleonore Schmid
Charlotte Sender   Peer Schmidt
Karl-Heinz Stroux   Wolfgang Preiss
Heinrich Trimbur   Guido Bachmann
Sigfrid Jobst   Dieter Mainka
René Picard
sowie
Gerd Hoos (Technischer Leiter)
Paul Huber (Musik)
Gottfried Neumann-Spallart
(Bühnenbild)
Eugen Goll (Ausführung des
Bühnenbilds)

Personen

Alfredo Traps	*Textilreisender*
Abraham Gotthold Luis Wucht	*pensionierter Richter*
Isaak Joachim Friedrich Zorn	*pensionierter Staatsanwalt*
Jakob August Johann Kummer	*pensionierter Rechtsanwalt*
Roland René Raimond Pilet	*pensionierter Henker*
Justine von Fuhr	*Wuchts Enkelin*
Simone von Fuhr	*Justines taube Tante*
Emma Pracht	*Frauenrechtlerin*
Knall	*Bankier*
Bolliger	*1. Polizist*
Brechbühl	*2. Polizist*

Geschrieben 1979
Uraufführung durch das Gastspieltheater Egon Karter
im Comödienhaus Wilhelmsbad/Hanau
am 13. September 1979

Bühne, Inszenierung, Charaktere, Stück

Zur Bühne: Auf dem Podest eine rote Wand im Hintergrund. Neben dem Podest rechts und links je eine rote Wand sich schräg nach hinten verlierend. Auf dem Podest parallel zur Rampe ein stabiler Eßtisch mit fünf weiß gepolsterten stabilen Sesseln. Über dem Eßtisch ein mächtiger roter Lüster. Auch der Podestboden ist rot. Beleuchtung so, daß auf den Wänden die Schattenbilder der Trinkenden riesenhaft erscheinen. Vor der Szene senkt sich bisweilen ein je nach Beleuchtung bald durchsichtiger, bald undurchsichtiger Zwischenvorhang. Der Bühneninnenraum erscheint dann wie hinter Glas: undeutlich, verwaschen, schemenhaft, während Draußen, vor dem Zwischenvorhang, durch Licht und ferne Blasmusik eine warme Sommernacht improvisiert wird. Ist der Zwischenvorhang oben – und wird noch vor dem Podest gespielt, oder befindet sich noch jemand davor –, ist der Hintergrund nur mäßig beleuchtet, so daß eine Art Überschneidung von Innen und Außen entsteht. Erst wenn sich alle im Innenraum befinden, auf dem Podest also, helles Licht mit leuchtendem Lüster.
Zur Inszenierung: Trinken und Essen sollten nur markiert werden. Darum wird der Rotwein aus Pokalen getrunken. Zu erreichen ist eine sich steigernde Trunkenheit, die aber nichts Unappetitliches haben darf: wird doch außer dem Weißwein als Aperitif nur Rotwein getrunken, immer älterer Bordeaux. Dieser Wein ist ein

*geselliger Wein. Er wird denn auch als etwas überaus
Kostbares zelebriert und andächtig und vorsichtig behan-
delt: »Riechen, Kosten, Trinken« sind die immer wieder-
kehrenden Rituale eines weltlichen Abendmahls. Die
Trunkenheit, die der schwere Rotwein herbeiführt, ist
eine andere als die des Weißweins, nie eine bösartige,
aggressive, sie äußert sich selten in Sprachhemmungen
oder in unsicherem Gang. Im Gegenteil, die Trinker
neigen zwar zur Akrobatik, steigen auf Stuhllehnen,
klettern auf den Tisch, schwingen den Lüster hin und her,
aber das wie im Übermut, denn vor allem ist ihre Phantasie
beflügelt. Auch der Streit zwischen dem Staatsanwalt und
dem Verteidiger um die Aussprache des Wortes
»Gygax« – der Verteidiger spricht es plötzlich »Gigax« aus,
der Staatsanwalt bleibt bei der Aussprache »Gügax« – ist
nicht bösartig, aber infolge der Trunkenheit hartnäckig.
Zu den Charakteren: Durch das Stück hindurch trinkt
Pilet am meisten, die Wirkung ist denn auch am eindeu-
tigsten. Er ist der Clown der Runde – darum trägt er auch
eine Melone –, ständig bemüht, Wein zu ergattern; sein
penetrantes »Zapfen« (Korken) ist der Versuch, den anderen das Trinken zu verleiden. Kummer trinkt im ersten
Teil viel, kämpft mit Pilet erbittert um die Magnum-
Karaffe (Magnum: 1,4 Liter, wird dekantiert, umgegos-
sen), hat dann, wie auch Pilet, im zweiten Teil eine Krise,
um bei seiner virtuosen Verteidigungsrede voll in Form zu
sein, um dann aber, nach ihrer Vollendung, gleich einzu-
schlafen. Er ist vom Typ her ein künstlerischer Mensch.
Zorn trinkt am mäßigsten; vom Typ her ein englischer
Lord, der seine rhetorischen Erfindungen mit grotesker
Noblesse illustriert. Wucht trinkt eigentlich erst im zweiten Teil, er wartet die älteren Jahrgänge ab. Bei Traps,*

nicht gewohnt, Bordeaux zu trinken, wirkt sich der Wein am katastrophalsten aus, besonders der Kognak am Schluß, der auf den Rest des Bordeaux gegeben wird – eine gefährliche Unsitte der Bordeaux-Trinker. Traps beginnt schon im ersten Teil anzugeben, natürlich dort, wo er immer angab: auf sexuellem Gebiet. Möglicherweise hatte er sich immer gewünscht, mit Frau Gygax ein Verhältnis zu haben, es sogar versucht, aber eben, die »stinkfeine Dame behandelte mich wie einen Hund«; nun behauptet er plötzlich, eines gehabt zu haben. Besonders nimmt ihm die Behauptung des Staatsanwalts, ein Mord verdiene Bewunderung, jede Hemmung. Er wird stolz, etwas Außerordentliches zu sein, der außergewöhnlichste Verbrecher des Jahrhunderts, und wird wütend darüber, daß der Verteidiger in ihm einen Bürger wie viele sieht. Nun macht er auch aus seiner Frau eine Mänade. Offensichtlich hat seine Ehe ihre Schwierigkeiten. »Gygax konnte jede Frau haben, die er wollte«, wohl auch Trapsens Frau, und ob dieser Widerstand geleistet hat, ist fraglich, fraglich auch, ob er sich am Schluß zutraut, Justine im Bett gewachsen zu sein: Wie jeder Selbstmord ist auch der seine nicht nur das Resultat eines einzigen Motivs.

Zum Stück: Was stattfindet, ist einerseits ein Schauprozeß, durchgeführt von einem korrupten Gericht, in welchem ein harmloser Durchschnittsbürger dazu geführt wird, sich schuldig zu bekennen – was es immer wieder gab und immer wieder geben wird. Anderseits dreht es sich um die Ausweglosigkeit einer fixen Idee, die im Verbrechen etwas Außerordentliches sieht – aus welchen Gründen auch immer – und die als letzten Ausweg nur noch den Selbstmord sieht – auch das gab es, gibt es und

*wird es immer geben. Die Transposition eines Stoffes in
ein anderes Medium stellt nicht so sehr ein Problem der
Phantasie als eines des Denkens dar – zu dem freilich das
neue Medium zwingt. Transponieren ist daher oft schwerer als Erfinden; eine Erfahrung, die mir während der
Arbeit an der* Panne *erneut aufging. War die Novelle nur
Sprache, das heißt nichts als die Sprache und die Assozia-
tionen, die sie heraufbeschwört – auch hier nie ganz
objektivierbar –, so ist die Transposition auf das Theater
Sprache plus Schauspieler plus Bühne: das Inkommensu-
rable nimmt zu. Was daher die geheimnisvolle Justine
betrifft, so ist sie eine Ergänzung des Stoffes, die nun
einmal die Bühne erzwingt. Vordergründig ist sie wider
Willen das, was der Staatsanwalt von Frau Gygax
behauptet: die galante Mordwaffe ihres Großväterchens
Wucht. Justine ist das reale Spiegelbild des Spiels: Sie
rennt am Schluß, der ja das Vorspiel bildet, zu ihrem
Professor Bürden, um den Zauberspruch loszuwerden,
durch den sie, ist sie bei Großväterchen, wie Traps ge-
bannt wird: daß Schuld etwas Wunderbares sei. Nun gut,
Justine wird immer wieder zurückkehren. »Auf bald,
mein Kindchen, auf bald.« Wucht aber, betrachtet man
ihn näher, zieht man Vergleiche, stellt sich als ein Nach-
fahre Adams heraus, des Richters aus Kleists ›Zerbroche-
nem Krug‹, nur unvergleichlich böser und keiner Instanz
mehr unterworfen. Mit einem Unterschied freilich: muß
Adam wirklich richten, spielt Wucht das Spiel nur.
Anstelle der Notwendigkeit, die das Gericht setzt, ist ein
Spiel getreten, anstelle der Gerechtigkeit die gespielte
Gerechtigkeit. Alles, was nicht gespielt ist: das Dorffest,
Trapsens Autopanne, das große Autounglück vorher, die
Ölkatastrophe, aber auch Justines Vergangenheit, die Art*

und Weise, wie Wucht durch sie zu seinem unermeßlichen
und unschätzbaren Weinkeller gekommen ist, die Kor-
ruption endlich, in welche sich Richter, Staatsanwalt und
Verteidiger verstrickt hatten usw.: all das ist nun der
Hintergrund der Fabel, ohne den keine Bühne aus-
kommt, vor dem sich das Gerechtigkeitsspiel abspielt, das,
weil es sich leisten kann, gerecht zu sein, zwei Urteile
abgibt, ein »schuldig« und ein »unschuldig«. Dem Ange-
klagten kommt das Wählen zu, sein Selbstmord ist seine
Wahl. Der Unfug der Dramatik besteht auch heute noch
oft darin, daß sie eine determinierte Welt vortäuscht. Die
Spielwelt dieser Komödie ist nicht determiniert: Traps
erleidet kein Schicksal, sondern eine Panne. Er nimmt das
Spiel ernst. Er wählt und will mit seiner Wahl etwas
beweisen, das er nicht ist: ein Verbrecher und damit
etwas Außergewöhnliches. So fällt er aus dem Spiel in den
Tod. Nicht notwendigerweise, sondern zufälligerweise:
Die Pistolen waren von Justine nur aus Spaß scharf
geladen, um Großväterchen eine Freude zu machen. Die
Welt als Spiel. Nicht umsonst ist das Podest da, auf dem
das Spiel der Gerechtigkeit gespielt wird, und nicht um-
sonst setzen die Hauptakteure griechische Masken auf,
und nicht umsonst verhöhnen sie jene – ist die Welt ein
Spiel –, die dann die wahren Schuldigen sein müßten:
»Was willst du uns denn beweisen, Fredi! Deine Schuld
und deine Unschuld sind gleicherweise unbeweisbar. Was
war die heutige Nacht? Ein übermütiger Herrenabend,
nichts weiter, eine Parodie auf etwas, was es nicht gibt
und worauf die Welt immer wieder hereinfällt, eine Par-
odie auf die Gerechtigkeit, auf die grausamste der fixen
Ideen, in deren Namen der Mensch Menschen schlachtet.
Denn wahrlich, wenn es eine Schuld gäbe, dann müßte

diese Schuld nicht beim Menschen, sie müßte außerhalb des Menschen liegen. Wohlan denn, Fredi, spielen wir das Spiel zu Ende! Richten wir die wahren Schuldigen hin! Schießen wir die Götter vom Firmament. Richten wir die Vollkommenen hin, die uns unvollkommen schufen, die Schuldigen, die uns in Schuld stürzten: Jupiter, Mars, Saturn, Venus, Merkur: die Götter!«

Erster Teil

*Vor dem Zwischenvorhang: in der Mitte der Vorbühne
ein Sarg, darauf eine verschnörkelte weiße Vase.*
Ferne Blasmusik.
*Von links vorne kommt feierlich Justine, 35jährig, in
einem gewagten schwarzen Abendkleid mit Witwen-
schleier und einem Strauß weißer Rosen.*
Justine stellt die weißen Rosen in die Vase.
Justine geht wieder nach links.
*Jemand hält ihr ein Tablett mit drei Bechern und einer
Schachtel Aspirin entgegen.*
*Justine nimmt das Tablett, geht feierlich zum Sarg, stellt
das Tablett links neben die Vase, setzt sich auf den Sarg
links, schlägt die Beine übereinander, wippt mit dem
rechten Fuß zur Blasmusik.*
*Von rechts vorne kommt Wucht, klein, verschlafen, rosig,
neunzigjährig, in einem Smoking, mit einem Pantoffel am
Fuß, macht einige Tanzschritte, setzt sich rechts auf den
Sarg, zieht den anderen Pantoffel an.*

WUCHT Du bist noch nicht wieder im Bett?

JUSTINE Ich wollte wieder ins Bett.

WUCHT Mit ihm? *Tippt auf den Sarg.*

JUSTINE Hin und wieder muß man mit einem Mann wieder ins Bett.

WUCHT Verstehe. In deinem blühenden Alter.

JUSTINE Ich bin fünfunddreißig. Da ist man in einem
verblühenden Alter.

WUCHT Ich bin neunzig. Da blüht man wieder auf.

JUSTINE Jetzt riecht es doch nach Öl.

WUCHT Die Ölwaggons sind endgültig in die Milchsiederei ausgelaufen.

JUSTINE Sie blasen immer noch. Die ganze Nacht blusen sie.

WUCHT Hundertfünfzig Vereine.

JUSTINE Immer der gleiche feierliche Mozart.

WUCHT Der Gemeindepräsident lag im Sterben.

JUSTINE Rührend, daß sie darauf Rücksicht nahmen.

WUCHT Er organisierte das Fest.

JUSTINE Vor zwei Stunden spielten sie plötzlich lustig.

WUCHT Da ist er gestorben.

JUSTINE Jetzt wieder das himmeltraurige Motiv.

WUCHT Für die Witwe.

Sie hören der Blasmusik zu. Von links vorne kommt Bankier Knall mit einer Aktentasche.

JUSTINE *reicht ihm einen Becher* Wasser.

BANKIER KNALL Danke.

JUSTINE *reicht ihm eine Tablette* Aspirin.

BANKIER KNALL Nötig.

JUSTINE Verstehe.

BANKIER KNALL *schluckt, trinkt* Tut gut. *Stutzt.* Kolossal, die blasen ja noch immer.

JUSTINE Hundertfünfzig Vereine.

BANKIER KNALL Drei Stunden Schlaf sind wenig. Ist mein Fahrer bestellt? *Gibt den Becher zurück.*

JUSTINE Er wartet seit gestern morgen vor der Gartentür.

BANKIER KNALL *geht am Sarg vorbei, stutzt* Wieso seit gestern morgen?

JUSTINE Heute ist Sonntag.

BANKIER KNALL Sonntag?

WUCHT Sie schliefen siebenundzwanzig Stunden, Bankier Knall.

BANKIER KNALL *bleibt rechts vom Sarg stehen* Oh! *Bemerkt Wucht erst jetzt.*

WUCHT Tag.

BANKIER KNALL Irgendwie kennen wir uns –

WUCHT Irgendwie.

BANKIER KNALL Mein Gott, ich verpaßte die Verwaltungsratssitzung meiner Bank. Ich hätte den Herren einige mißverständliche Details erläutern sollen.

WUCHT Meine ich auch.

BANKIER KNALL Wir müssen kolossal gepichelt haben.

WUCHT Haben wir auch.

BANKIER KNALL Erinnere mich an nichts.

WUCHT Ich würde mich schleunigst wieder ins Bankgeschäft stürzen.

BANKIER KNALL Leben Sie wohl, Herr – Herr –

WUCHT Wucht.

BANKIER KNALL Leben Sie wohl, Herr Wucht. *Rechts ab.*

WUCHT Leben Sie wohl, Bankier Knall. Viel Glück

BANKIER KNALL *kehrt wieder zurück* Vielen Dank für Ihre Gastfreundschaft, Herr Wucht. *Rechts ab.*

WUCHT Eine Sitte des Hauses. *Winkt ihm nach.* Eine unerfreuliche Type.

JUSTINE Der war eine erfreuliche Type. *Tippt auf den Sarg.*

WUCHT Der Bankier ist nicht mehr zu retten.

JUSTINE Mein Generalvertreter war auch nicht mehr zu retten.

WUCHT Als Mitspieler hochanständig.

JUSTINE Er sah den Merkur.

WUCHT Den sahen wir nicht mehr.

JUSTINE Aber ihr habt auf ihn geschossen. Vor zwei Stunden.

WUCHT Wir waren besoffen.

JUSTINE Der nahm euch ernst. *Tippt auf den Sarg.*

WUCHT Darum hast du auch die Rosen auf seinen Sarg gestellt.

JUSTINE Sie halten sich noch.

WUCHT Tote verehrst du immer. Am Schluß.

JUSTINE Mit der Blasmusik ist nun auch Schluß.

WUCHT Die Witwe des Gemeindepräsidenten ist getröstet.

JUSTINE Muß auch eine traurige Ehe gewesen sein.

Stille.

JUSTINE Jetzt warte ich noch, bis sie ihn holen. Wie bei Jean-Claude. Auch an einem Sonntagmorgen.

Von links kommt Emma Pracht mit einer großen Tasche, Brille, fünfzigjährig, stämmig; macht eine Turnübung.

EMMA PRACHT Wasser.

JUSTINE *erhebt sich, reicht ihr einen Becher und zwei Tabletten* Zwei Aspirin.

EMMA PRACHT Nötig.

JUSTINE Verstehe –

EMMA PRACHT *setzt sich an den Platz von Justine, schluckt, trinkt* Schmeckt nach Öl. *Stellt den Becher auf das Tablett.*

JUSTINE Die Ölkatastrophe, Frau Pracht. *Nimmt die Vase mit den Rosen zu sich.*

EMMA PRACHT Sie blasen nicht mehr.

JUSTINE Jedes Fest nimmt einmal sein Ende, Frau Pracht.

EMMA PRACHT Zwei Stunden Schlaf sind wenig. Ich muß den Frühzug erreichen.

JUSTINE Erreichen Sie, Frau Pracht.

EMMA PRACHT Mein Vortrag über die Frau der Gegenwart als Kulturträger einer christlichen Zukunft stieß in diesem Kaff auf eisige Ablehnung. Nur eine Lehrerin und der Tierarzt waren anwesend.

JUSTINE Es war die Woche der Blasmusikvereine, Frau Pracht.

EMMA PRACHT In der Stadt erwartet mich der Freitagabendklub der Vereinigten Hausfrauen e. V.

JUSTINE Erwartete Sie.

EMMA PRACHT Wieso?

JUSTINE Heute ist Sonntag.

EMMA PRACHT Sonntag?

WUCHT Sie schliefen fünfzig Stunden, Frau Pracht.

EMMA PRACHT *bemerkt Wucht erst jetzt* Oh!

WUCHT Tag.

EMMA PRACHT Irgendwie kennen wir uns.

WUCHT Irgendwie.

EMMA PRACHT Wie kam ich überhaupt in dieses Haus?

WUCHT Sie übernachteten hier nach Ihrem Vortrag.

EMMA PRACHT Da schläft man nicht fünfzig Stunden.

WUCHT Wir feierten vorher.

EMMA PRACHT Wir?

WUCHT Es war eine Pracht, Frau Pracht.

EMMA PRACHT Erinnere mich an nichts.

WUCHT Sie kämpften für die Freiheit des Beischlafs, Frau Pracht.

EMMA PRACHT O Gott! *Erhebt sich.* Leben Sie wohl, Herr – Herr –

WUCHT Wucht.

EMMA PRACHT Leben Sie wohl, Herr Wucht. *Nach rechts vorne ab.*

WUCHT Leben Sie wohl, Frau Pracht.

EMMA PRACHT *kehrt zurück* Vielen Dank für Ihre Gastfreundschaft, Herr Wucht.

WUCHT Eine Sitte des Hauses. *Winkt ihr nach.* Die ist wieder stur geworden.

JUSTINE Der ist stur geblieben. *Tippt auf den Sarg.*

WUCHT Kopfweh.

JUSTINE Wasser. *Reicht ihm einen Becher.*

WUCHT Danke.

JUSTINE *reicht ihm drei Tabletten* Drei Aspirin.

WUCHT Nötig.

JUSTINE Zuviel getrunken.

WUCHT Aus Ärger.

JUSTINE Drei Herrenabende hintereinander sind zuviel für dein Alter.

WUCHT Die Glücksserie mußte ausgekostet werden. *Trinkt.* Schmeckt wirklich nach Öl.

Glockengeläute.

WUCHT Die katholische Kapelle bimmelt. *Hält sich die Ohren zu.*

JUSTINE Frühmesse.

Von rechts vorne kommen Simone und zwei Polizisten.

SIMONE Besuch.

ERSTER POLIZIST Da sind wir noch einmal.

WUCHT Noch einmal?

ZWEITER POLIZIST Wir schafften ja schon die Leiche in den Sarg heute morgen.

ERSTER POLIZIST *glitscht aus* Das verflixte Öl.

ZWEITER POLIZIST *schaut in einem Notizblock nach* Alfredo Taps.

JUSTINE Traps.

ZWEITER POLIZIST Traps.

ERSTER POLIZIST Eine Mordsarbeit.

WUCHT Schlief.

ZWEITER POLIZIST Und wie – unter Ihrer Maske.

Justine erhebt sich.

ERSTER POLIZIST Die Leiche muß wieder raus.

ZWEITER POLIZIST Liegt im falschen Sarg.

Justine geht auf den zweiten Polizisten zu.

ERSTER POLIZIST Der Schreiner Bickel zimmerte den für den Gemeindepräsidenten.

JUSTINE Nur eine Panne. *Öffnet dem zweiten Polizisten die Uniform.*

WUCHT In einen Polizeisarg mit der Leiche!

ZWEITER POLIZIST Geht nicht.

Justine verschwindet mit ihm hinter den Sarg.

ERSTER POLIZIST Beim Verkehrsunfall gestern mittag gingen uns die Särge aus.

WUCHT Und unsere Leiche?

ZWEITER POLIZIST Ihre Sache, Herr Wucht. *Keucht.*

Justine legt ihr schwarzes Höschen auf den Sarg.

WUCHT Man kann uns nicht zumuten, die Leiche wieder aufzuhängen.

ZWEITER POLIZIST *taucht rhythmisch auf* Vielleicht stellt uns der Konsum den Kühlraum zur Verfügung.

WUCHT Zwischen Tomaten, Südfrüchten und Kopfsalaten läßt sich gut ruhen.

ERSTER POLIZIST Geht in Ordnung, Herr Wucht. *Stellt ein Bein auf den Sarg.*

WUCHT Noch Schwierigkeiten?

ERSTER POLIZIST Na ja, Herr Wucht. *Geht über den Sarg, nimmt die Vase mit den weißen Rosen und das schwarze Höschen an sich.* In der letzten Zeit ging es bei Ihnen grandios zu.

WUCHT Stimmt, Bolliger, stimmt.

Hin und wieder sind Justines Beine zu sehen.

ERSTER POLIZIST Und heute nacht, so gegen Morgen, ballerten Sie lebensgefährlich in die Gegend.

WUCHT Nur die Planeten runtergeschossen, Bolliger.

Der Kopf des zweiten Polizisten taucht kurz auf.

ZWEITER POLIZIST Schon gestern und vorgestern frühmorgens ballerten Sie los.

WUCHT Mit Platzpatronen, Brechbühl.

ERSTER POLIZIST Heute morgen mit scharfer Munition, Herr Wucht.

WUCHT Unmöglich!

ERSTER POLIZIST Gestern morgen kaufte Frau Justine beim Eisenwarenhändler Zählin scharfe Munition.

WUCHT Ausgeschlossen!

Justines Kopf taucht entrüstet auf.

JUSTINE Simone lud die Pistolen.

SIMONE Ich lade immer die Pistolen. *Geht rechts hinten ab.*

JUSTINE Ich wollte doch nur einen Spaß machen, Großväterchen.

WUCHT Die verflixten Weiber.

ERSTER POLIZIST Herr Wucht, die Sirene der Feuerwehr wurde zerlöchert.

WUCHT Soso.

ZWEITER POLIZIST Der Gockel der protestantischen Kirche demoliert. *Taucht wieder, anderswo beschäftigt, unter.*

WUCHT Potz, potz.

ERSTER POLIZIST In Notar Büssis guter Stube ging auf dem Klavier die Beethoven-Büste in Trümmer. *Gibt Wucht das schwarze Höschen.*

WUCHT Volltreffer.

ERSTER POLIZIST Eine Kuh, drei Hunde und Katzen hinken herum.

WUCHT Teufel, Teufel.

ERSTER POLIZIST Dem Eisenwarenhändler Zählin schossen Sie in die Dienstmädchenmansarde.

WUCHT Hm. Wahrscheinlich, als wir auf Merkur schossen. Der steht immer tief. Wurde das Dienstmädchen verletzt?

ERSTER POLIZIST Nein. Aber der Zählin.

Das Hinterteil des zweiten Polizisten wird sichtbar.

ZWEITER POLIZIST Streifschuß am Hintern.

WUCHT Noch eine Panne.

ERSTER POLIZIST Die Klage ist schon eingereicht worden.

WUCHT Von Herrn Zählin?

ZWEITER POLIZIST Von Frau Zählin.

WUCHT Gegen mich?

ERSTER POLIZIST Gegen Herrn Zählin.

Der zweite Polizist erhebt sich hinter dem Sarg, knöpft die Uniform zu, zieht den Reißverschluß der Hose zu.

ZWEITER POLIZIST Trotzdem: Sowas wird nicht mehr vorkommen, Herr Wucht. Eine Leiche ist nicht gestattet. Schluß mit der Gastfreundschaft.

ERSTER POLIZIST Der Regierungsstatthalter ist schon benachrichtigt.

WUCHT Da wird sich mein Freund und Schüler, der Justizminister, totlachen.

ZWEITER POLIZIST Die Untersuchung ist angeordnet.

WUCHT Untersuchen Sie, und Sie werden abgeordnet.

Justine erhebt sich, das Abendkleid in ziemlich bedenklichem Zustand, den Witwenschleier hinter sich herziehend. Nimmt dem ersten Polizisten die Rosen aus der Vase.

JUSTINE Großväterchen, die Rosen. *Gibt Wucht die Rosen.* Ich gehe zu meinem Professor Bürden.

WUCHT *gibt ihr das schwarze Höschen* Auf bald, mein Kindchen, auf bald.

Justine rechts vorne ab.

ZWEITER POLIZIST Dürfen wir jetzt? *Hebt den Sarg an.*

WUCHT Sie dürfen, Sie dürfen, Sie dürfen. *Steckt dem zweiten Polizisten die Rosen unter den Arm.*

Der zweite Polizist stellt den Sarg wieder ab.
Der erste Polizist setzt den Fuß auf den Sarg.
Wucht wendet sich ans Publikum.

WUCHT Meine Damen und Herren. Ich bin der Schauspieler Karl-Heinz Stroux. Wenn ich mich im Namen der Truppe, und nur in ihrem Namen, an Sie wende, so nicht aus gesellschaftskritischen, gesellschaftsveränderischen Gründen oder gar aus der Wende zum Privaten hin, die plötzlich unseren Kritikern wieder einleuchtet, sondern aus einem rein menschlichen Motiv: sollten doch diese beiden wackeren Polizisten hier, Bolliger und Brechbühl, sowie die Frauenrechtlerin Emma Pracht und der Bankier Knall –

Von links treten Emma Pracht und Bankier Knall auf.

WUCHT – wie der Autor es vorschrieb, eigentlich erst am Ende des Stücks auftreten. Mein sehr verehrtes Publikum, es steht mir nicht zu, am Autor Kritik zu üben, wenn mir auch dessen rücksichtslose Art, mit Schauspielern dramaturgisch umzugehen, schon längt aufgefallen ist, aber da wir eine Wandertruppe und nicht Mitglieder eines staatlich subventionierten Theaters sind, ist es uns, von Stadt zu Stadt und von Städtchen zu Städtchen fahrend, unmöglich, gewisse Grundregeln des beruflich bedingten Zusammenlebens zu mißachten. Die Frauenrechtlerin, die beiden Polizisten, der Bankier sind kurze Rollen – in Ordnung –, sie treten nur einmal auf – auch in Ordnung –, künstlerisch unbefriedigende Aspekte, die nun einmal unser Beruf mit sich bringt, aber daß unsere Kollegen Charlotte Sender, Sigfrid Jobst, Dieter Mainka und René Picard –

Emma Pracht, Knall, erster und zweiter Polizist treten vor.

WUCHT – die diese Rollen spielen, auch noch zuzumuten ist, einen ganzen Abend lang in wildfremden Städten und Städtchen und in noch wildfremderen Garderoben auf ihren Auftritt zu warten – das, meine Damen und Herren, geht zu weit. Dramaturgie hin oder her. Kurz und gut: Wir haben das Stück ›Die Panne‹ gleich mit einer Panne begonnen, nämlich mit dessen Ende, und damit nicht nur, im Gegensatz zu den Griechen, das Satyrspiel vor die Tragödie gesetzt, sondern auch uns, den Regisseur und den Autor inbegriffen, die Peinlichkeit erspart, zeigen zu müssen, wie Peer –

Aus dem Sarg steigt Traps im Leichenhemd und mit Kinnbinde. Der zweite Polizist übergibt ihm die Rosen. Traps nimmt die Kinnbinde ab.

WUCHT – wie Peer Schmidt, der die Rolle des Alfredo Traps spielt, in den Sarg gekommen ist, aus dem er jetzt eben steigt, warum er da hineinkam, wird das Spiel ohnehin zeigen. Doch gaben wir das Spielende, geben wir nun auch den Schlußapplaus:

Er gibt ein Zeichen, von links kommt Simone.

WUCHT Ellen Frank, Eleonore Schmid, Wolfgang Preiss, Heinrich Trimbur, Guido Bachmann. Blumen für die Damen.

Traps verteilt die Rosen.

WUCHT Danke für den Schlußapplaus, meine Damen und Herren, zu gütig, zu lieb. Wir danken, wir danken.

Die Schauspieler klatschen zurück.
Die Polizisten tragen den Sarg hinaus.
Alle ab außer Wucht.

WUCHT Meine Damen und Herren. Wir können wieder beginnen, wirklich beginnen. Spielte sich der Schluß – wie alles, was sich vor dem Zwischenvorhang abspielt – unmittelbar vor einem einst modernen Landhaus ab, halb verdeckt von Rosenbeeten, Büschen, Buchen und Tannen, das sich am nördlichen Ausgang eines freundlichen soliden properen Bauernnestes befindet, bestückt mit einem Dutzend Gehöften, einigen renommierten Wirtshäusern und einer heimeligen Kirche und der kleinen katholischen Kapelle auf dem Galgenhubel, während die Bahnstation, die Post, der Polizeiposten und die Milchsiederei am südlichen Ausgang zu denken sind, gegen Heudorf zu, so befinden wir uns nun, den Abend vorher, in dieser Villa. In meiner Villa.

Zwischenvorhang auf.
Wucht geht auf das Podest.
Hinter dem nach vorne umgekippten Eßtisch sitzen unbe-

weglich, von links nach rechts, Zorn und Kummer in
Smoking und Pantoffeln, die Beine auf der Tischkante.
Rechts vor dem Tisch Pilet in einem Gehrock, mit roten
Espadrilles, neben ihm ein Hut, Melone. Sie tragen alle
die gleichen griechischen Göttermasken. Im Hintergrund
hängt eine einzelne griechische Göttermaske.
Beleuchtung abendlich, Lüster noch nicht angezündet.

WUCHT Machen wir uns nichts vor, meine Damen und
   Herren, der Anblick der Gesellschaft, den wir Ihnen
   hier oben bieten, befremdet Sie: Stellen wir doch vier
   alte Herren dar, die, alle weit über achtzig, nach einem
   fröhlich durchzechten Herrenabend, der bis zum Auf-
   gang der Sonne dauerte, einen Gast erwarten und dabei
   eingeschlafen sind. Die Abendsonne neigt sich gegen
   den Horizont. Alfredo Traps drückt auf die Tür-
   klingel.

Es klingelt.

WUCHT Mehrmals.

Es klingelt mehrmals.

WUCHT Niemand. Alfredo Traps drückt die Klinke nieder. Die Tür ist unverschlossen. Er geht durch die
   Vorhalle. Niemand.

Traps erscheint mit Köfferchen, überquert die Bühne,
links vorne ab.

WUCHT Er geht durch den kleinen Empire-Salon. Niemand. Er geht durch das Rokoko-Zimmer. Wieder niemand. Alfredo Traps betritt den Speisesaal.

Wucht stülpt sich ebenfalls eine griechische Göttermaske über das Gesicht, die vor ihm auf dem Tisch liegt, und setzt sich rechts an den Tisch auf einen Sessel.
Traps kommt wieder, von rechts vorne, betritt das Podest.

TRAPS Hallo? *Schaut sich um.* Hallo! *Geht zu Wucht.* Hallo! *Keiner rührt sich. Betrachtet Pilet.* Hallo!

Simone, ein altes adliges Fräulein, vornehm, mit verschlissenem Schmuck, kommt von links hinten, legt die Beine von Zorn und Kummer nieder, starrt kurz Wucht an.

TRAPS Ich telefonierte.

Simone stützt sich auf den Kopf Pilets, setzt ihm die Melone auf.

TRAPS Hallo.

Simone versucht, den Tisch aufzustellen.
Traps legt sein Köfferchen auf einen Sessel, hilft ihr, den Tisch aufzustellen. Pilet fällt nach vorne, schläft weiter.

Simone rechts hinten ab.

TRAPS Hallo. Ich – Mein Name – *Setzt sich auf den Sessel links, steht wieder auf, will gehen.*

Simone kommt mit einer leeren Zinnplatte. Diesmal

erblickt sie Traps. Sie spricht in der Weise der Schwerhöri-
gen, langsam, jede Silbe betonend, doch vornehm.

SIMONE Kaviarbrötchen.
TRAPS Alfredo Traps. Ich tele –
SIMONE Wie?
TRAPS Alfredo Traps.
SIMONE Kaviarbrötchen. *Reicht ihm die Zinnplatte hin.*
TRAPS *tut, als ob er ein Brötchen nähme* Ich telefonierte!
SIMONE Wer?
TRAPS Ich telefonierte. Mein Name ist Alfredo Traps.
SIMONE Tele – was? *Stellt die Platte auf den Tisch. Nimmt*
    ebenfalls ein Kaviarbrötchen.

Von links außen kommt Justine. Sie trägt kurze Blue
jeans und eine entsprechende Jacke. In der Hand eine
Gartenschere.

JUSTINE Mein Herr –
TRAPS Oh. Ich – ich –
JUSTINE Meine total verarmte taube Tante Simone. *Rückt*
    energisch die Platte von Simone weg.
SIMONE Fräulein Simone von Fuhr. *Nimmt stolz noch ein*
    Kaviarbrötchen. Nach rechts hinten ab.

Justine geht zu Wucht, dann zu Kummer und Zorn.

JUSTINE Am Tisch sitzt Großväterchen mit seinen Freun-
    den. Sie schlafen noch. Gestern abend kam ein Gast
    und vorgestern kam ein Gast, da feierten sie jedesmal
    die Nacht durch. Gehen wir in den Garten.

Beide gehen nach links außen.

Zwischenvorhang zu.
Blasmusik.
Eine grüne Gartenbank wird von rechts hereingeschoben.
Rechts und links eine Hand mit weißen Rosen.

JUSTINE Sie sind es, der telefonierte?
TRAPS Vom Gasthof ›Fels‹.

Justine geht nach rechts. Sie geht vorsichtig an der Bank
vorbei. Schneidet rechts eine Rose ab.

JUSTINE In den Unfall verwickelt?
TRAPS In den Unfall?
JUSTINE Elf Tote.
TRAPS Muß gekracht haben.
JUSTINE Auf der Straße von Heudorf. *Setzt sich auf die*
   Gartenbank. Die Polizei hat keine Särge mehr.
TRAPS Atme auf. Ursprünglich wollte ich auch über Heu-
   dorf.
JUSTINE Glück.
TRAPS Komme von Lappigen. Gewöhnliche Autopanne.
JUSTINE Konnte der Wagen nicht repariert werden?
TRAPS Ein rotlackierter Jaguar. Der Garagist versprach,
   die Nacht durchzuarbeiten. Er könne ohnehin nicht
   schlafen bei diesem Festrummel.
JUSTINE Hundertfünfzig Vereine.
TRAPS Werde auch etwas mitfeten. Wollte eigentlich mit
   der Bahn, aber da auch die Bahnstation außer Betrieb –
JUSTINE Ich weiß, zwei Öltankwagen karambolierten.
TRAPS Zum Glück riecht man hier oben noch nichts.
JUSTINE Solange das Öl nicht ins Grundwasser sickert.
TRAPS Ich bin nur gekommen, mein Köfferchen abzuge-

ben. Wenn Sie mir das Gästezimmer zeigen könnten und den Hausschlüssel –

JUSTINE *kommt mit der Rose zu Traps* Ich bin Justine von Fuhr.

TRAPS Traps. Alfredo Traps.

JUSTINE Mein Mann fuhr dahin. Vor fast drei Jahren – *Geht nach links, schneidet eine Rose ab* – in die Ewigkeit. Sind die Rosen nicht wunderschön?

TRAPS Fast so wunderschön – wie Sie, Frau Fuhr. *Verneigt sich.*

JUSTINE Von Fuhr.

TRAPS Frau von Fuhr.

JUSTINE Sie machen Komplimente. *Geht wieder nach rechts.*

TRAPS Sie sind wunderschön, Frau von Fuhr.

JUSTINE Jean-Claude erschoß sich.

TRAPS Jean-Claude?

JUSTINE Mein Mann.

TRAPS Ach so.

JUSTINE Er starb blutjung. *Schneidet rechts alle Rosen bis auf eine ab.*

TRAPS Furchtbar, Frau – Frau von Fuhr.

JUSTINE Nennen Sie mich einfach Justine.

TRAPS Furchtbar, Frau Justine.

JUSTINE Kommt so oft vor wie Straßentod. *Riecht an den Rosen.* Die Rosen duften herrlich.

TRAPS Bedauerlich. Ich meine, das mit Ihrem Mann.

JUSTINE Ich liebe Rosen.

TRAPS Schön, diese Blasmusik.

JUSTINE Wird die ganze Nacht hindurch blasen. *Riecht wieder an den weißen Rosen.* Lieben Sie auch Rosen?

TRAPS Besonders.

Justine kommt zu Traps, nimmt seine Hand, legt sie auf ihre Brust.

JUSTINE Er hatte einen Totenkopf, lange blonde Haare und große braune Augen; sie sahen mich nie an, sie starrten durch mich hindurch. Und auch seine Hände waren aristokratisch; sie waren sehr schmal, Herr Taps –

TRAPS Tr –, Tr –

JUSTINE Ich wußte schon, bevor ich Jean-Claude heiratete, unsere Ehe würde etwas Fatales.

TRAPS Warum heirateten Sie ihn denn?

JUSTINE Jean-Claude stammte aus einer uralten Familie.

TRAPS Enorm reich.

Justine geht nach links. Die Hand neigt sich. Justine muß sich bücken, um alle Rosen abzuschneiden.

JUSTINE Ein mittelmäßiger Millionär. Außer dem Familienschlößchen und dem Weinkeller und den üblichen Chemieaktien besaß er nichts. Das Familienschlößchen sahen Sie links, als Sie von Lappigen ins Dorf hineinfuhren.

TRAPS Ich übersah es.

JUSTINE Alle übersehen es.

TRAPS Tut mir leid.

JUSTINE Ausgebrannt. Nur der Weinkeller war intakt.

Justine sieht Traps schweigend an, kommt zu ihm, legt ihre Arme auf seine Schultern.

TRAPS Frau von Fuhr?

JUSTINE Justine.

TRAPS Frau Justine?

JUSTINE Wissen Sie, warum mein Mann sich das Leben nahm? *Klappt die Gartenschere auf und zu.*

TRAPS Keine Ahnung.

JUSTINE Er war der letzte von Fuhr. *Drückt ihm den Rosenstrauß in die Hand.*

TRAPS Wollten Sie denn keine Kinder?

JUSTINE Bei dieser unglücklichen Ehe?

TRAPS Verstehe.

JUSTINE Er erschoß sich, um schuldig zu werden.

TRAPS Verstehe nicht.

JUSTINE Er hielt es für unanständig, unschuldig zu sein.

TRAPS Da müßte ich mich ja auch erschießen.

JUSTINE Es gibt kein größeres Verbrechen als die Unschuld.

TRAPS Offengestanden –

JUSTINE Allein die Rosen haben das Recht, unschuldig zu sein. *Nimmt sein Köfferchen.*

TRAPS Wenn ich vielleicht doch bitten darf, mir das Zimmer zu zeigen und den Hausschlüssel –

JUSTINE Sie sind prächtig, diese Rosen. Die Herren warten schon.

TRAPS Aber die haben doch schon letzte Nacht und vorletzte Nacht –

JUSTINE Sie erwarten jeden Gast mit Ungeduld. Die Schuld ist etwas Wunderbares.

Zwischenvorhang auf.
Hinter dem Tisch von links nach rechts: Pilet, Zorn, Kummer, Wucht. Beleuchtung mäßig.
Die fünf Masken hängen an der Wand. Auf dem Tisch zwei leere Zinnplatten.

TRAPS Jawohl, Frau Fuhr, Frau von Fuhr.
JUSTINE Justine.
TRAPS Frau Justine.

Gehen auf das Podest.
Beleuchtung festlich.
Bank weg, Musik aus.

JUSTINE Großväterchen, das ist Herr Traps.
TRAPS Traps. Alfredo Traps.
JUSTINE Sein Wagen hat eine Panne. *Sie stellt Trapsens Köfferchen links vorne ab.*
WUCHT Eine Panne, großartig, eine Panne! Willkommen, Herr Traps! Willkommen! *Schüttelt ihm beide Hände.* Oh!

Er nimmt ihm die Rosen ab, gibt sie Kummer, der gibt sie Pilet, der Zorn, der wiederum Pilet, der sich an einem Dorn sticht.

WUCHT Heiße Wucht, Abraham Gotthold Luis Wucht. Bin neunzig, bin neunzig, bin noch munter. *Springt auf den Sessel rechts vom Tisch.*

Traps schaut verwirrt zu Justine zurück, die vorne links beim Tisch Kaviarbrötchenessen markiert.

WUCHT Nanu, mein bester Traps, sehen etwas verstöbert aus. Meine Enkelin verwirrte Sie wohl? Ein etwas mystisches Frauenzimmerchen, die Freude meines Alters. Darf ich vorstellen: meine Freunde, meine lieben, lieben Freunde! Hergezogen wie ich in dieses

gottverlassene Nest des milden Klimas und der milden
Gemeindesteuern wegen, he, he! Halten einen kleinen
feinen Herrenabend ab, wollen uns betrinken!

KUMMER Besaufen.

ZORN Vollaufen lassen.

PILET Fein.

WUCHT Dazu kleine Häppchen essen! Kleine Häppchen.
Ich lade Sie ein, Herr Traps, ich lade Sie ein mitzumachen.

TRAPS Aber –

WUCHT Darf ich vorstellen: unser Wüterich, der Friedrich, ein pensionierter lieber Staatsanwalt –

ZORN Mein Name ist – *Schreit* – Zorn. *Spricht wieder
normal* Zorn, Isaak Joachim Friedrich Zorn.

TRAPS Sehr erfreut.

WUCHT Er ist neunundachtzig. Unser Springinsfeld. Ein
pensionierter herzensguter Rechtsanwalt –

KUMMER Gestatten: Kummer, Jakob August Johann
Kummer.

TRAPS Habe das Vergnügen.

WUCHT Er ist siebenundachtzig. Unser Hansdampf in
allen Gassen: Herr Pilet. Roland René Raimond Pilet.
Ein sensibler edler Menschenfreund.

TRAPS Angenehm.

Zorn hebt Pilet die Melone hoch.

PILET Fein.

WUCHT Sechsundachtzig, unser Nesthäkchen.

*Simone kommt von hinten rechts mit einem Tablett, stellt
fünf Weißweingläser auf den Tisch, steht dann links von
Zorn.*

WUCHT Ich bin ein pensionierter Richter. Mein Urgroß-
vater, mein Großvater und mein Vater waren Richter.
Und mein Sohn und mein Enkel sind auch Richter.
Leben in Amerika. Alle Wuchte waren, sind und
werden Richter sein.

JUSTINE Meine Herren, Herr Traps, Großväterchen. Ich
gehe die Rosen einstellen.

Zorn nimmt Pilet die Rosen ab, gibt sie Justine.

JUSTINE Wir sehen uns später.

WUCHT Später, mein Kindchen, später.

TRAPS Frau von Fuhr –

JUSTINE Justine.

TRAPS Frau Justine, es war mir ein besonderes Vergnügen. Wirklich.

PILET Fein.

JUSTINE Unsere Begegnung, Herr Traps, war wesentlich.
Sie sind geheimnisvoll, diese Rosen. *Nach links hinten
ab.*

ALLE Oh!

WUCHT Unsere Gäste, Herr Traps, logieren je nach ihren
Eigenschaften in dem hierzu bestimmten Zimmer.
Nehmen wir Platz, mein lieber Traps, nehmen wir
Platz.

*Er setzt sich rechts von Kummer, Traps zwischen Zorn
und Kummer.*

WUCHT Einen kleinen trockenen weißen Saint-Julien zum
Einüben.

TRAPS Bitte, Herr Wucht.

WUCHT Einen Caillou Blanc 1970.

PILET Fein.

WUCHT *spricht skandierend wie immer, wenn er mit Simone spricht* Simone, einen Caillou Blanc 1970.

SIMONE Immer Caillou Blanc. *Geht nach hinten rechts.*

TRAPS Ihre Gastfreundschaft ist phantastisch, Herr Wucht. Ich weiß gar nicht, womit ich sie verdient habe.

WUCHT Sie ist nicht ganz uneigennützig, Herr Traps. Sie erweisen uns einen Dienst.

TRAPS Nanu.

WUCHT Sie können mitspielen.

TRAPS Gerne.

WUCHT Na ja.

TRAPS Was denn für ein Spiel?

Verlegenes Lachen der anderen.

WUCHT Ein etwas sonderbares Spiel. Ein Sardellenbrötchen?

TRAPS *bedient sich* Verstehe. – Die Herren spielen um Geld. Da bin ich mit Vergnügen dabei.

ZORN Nein – das ist nicht unser Spiel.

TRAPS Nicht?

Verlegenes Lachen.

WUCHT Es besteht darin, daß wir des Abends unsere alten Berufe spielen.

TRAPS Ihre alten Berufe?

ZORN Wir spielen Gericht.

Zorn und Kummer legen die Hand auf Trapsens Schultern.

PILET Fein.

TRAPS Direkt unheimlich. *Lacht.*

WUCHT Im allgemeinen nehmen wir die berühmten historischen Prozesse durch, wobei einer von uns den Angeklagten spielt. Meistens Pilet.

PILET Fein.

WUCHT Am schönsten ist es natürlich, wenn wir mit lebendem Material spielen. Eine Olive?

Justine von links hinten, holt Trapsens Koffer.

TRAPS Kann ich mir denken. *Bedient sich.*

Justine bückt sich.

PILET, ZORN, KUMMER Ah!

WUCHT Deshalb sind denn unsere Gäste hin und wieder so gütig, sich zur Verfügung zu stellen.

TRAPS Das versteht sich doch von selbst.

Justine geht nach links hinten ab.

PILET, ZORN, KUMMER Oh!

WUCHT Sie brauchen aber nicht mitzuspielen, Herr Traps.

TRAPS Natürlich spiele ich mit.

PILET Fein.

WUCHT Zigarette?

TRAPS Danke schön.

WUCHT Feuer?

TRAPS Habe selber. Dunhill. Geschenk von meiner Frau.

WUCHT Was nun Ihre Rolle betrifft, sehr geehrter Herr Traps, so ist sie leicht zu spielen. Jeder Stümper ist dazu fähig.

TRAPS Neugierig.

WUCHT Den Richter, den Staatsanwalt, den Verteidiger und den, na ja – haben wir schon, es sind auch Rollen, bei denen eine Kenntnis der Materie und der Spielregeln notwendig ist. Nur die Rolle eines Angeklagten ist unbesetzt. Doch Sie sind in keiner Weise gezwungen mitzuspielen. Ich will das noch einmal betonen.

TRAPS Was soll ich denn für ein Verbrechen begangen haben?

Stille, verlegenes Lachen der anderen.

WUCHT Ein unwichtiger Punkt. Ein Verbrechen läßt sich immer finden. Ein Kaviarbrötchen?

Leises Lachen.

TRAPS Gespannt.

Simone kommt und schenkt in Weißweingläser ein.

SIMONE Vorgestern Caillou Blanc, gestern Caillou Blanc, heute Caillou Blanc.

Alle kosten. Kummer trinkt ex, schenkt sich wieder ein, erhebt sich, nimmt sein Glas und eine volle Flasche Caillou Blanc.

KUMMER Herr Traps, da Sie sich entschlossen mitzuspielen, muß ich – na ja, habe ich ein ernstes Wort mit Ihnen zu reden.

TRAPS Mit mir?

KUMMER Ich bin Ihr Verteidiger.

TRAPS *lacht* Lieb von Ihnen.

KUMMER Kommen Sie, wir wollen im Garten unseren Caillou Blanc konsumieren. Etwas Luft tut gut an diesem warmen Sommerabend.

Musik.

TRAPS *erhebt sich* Aber bitte, Herr Kummer, wenn es zum Spiel gehört, aber bitte. *Lacht, bleibt stehen, schaut nach links hinten, wohin Justine abgegangen ist.*

KUMMER *im Garten* Kommen Sie, Herr Traps, kommen Sie.

Licht nur auf Kummer und Traps, der nun vom Podest steigt. Zwischenvorhang fällt.
Justine mit Bank von rechts vorne, Hand mit letzter Rose rechts, Justine schneidet die Rose, bleibt während des folgenden Gesprächs auf der Bank, raucht eine Zigarette. Die drei anderen auf dem Podest nur als Silhouette sichtbar.

KUMMER Erhaben, diese Dämmerung, na ja, Ihr Verteidiger ist ein Dichter, mein lieber Herr Traps. Ich gebe alles im Selbstverlag heraus, schon fünfzehn Dünndruckbände, ein stattliches Œuvre.

TRAPS Lese nur Kriminalromane. *Schiebt den Zwischenvorhang links außen auf die Seite, schaut nach hinten.*

KUMMER Göttlich, was die blasen.

TRAPS Eine phantastische Frau – *Schaut nach hinten.*

KUMMER Es-dur-Serenade oder das Divertimento Es-dur 250, nein 252, verdammt, ich glaube, die Serenade Nr. 12 c-moll, Köchel –, na ja, Köchel –

TRAPS – diese Justine – *Wendet sich Kummer zu.*

KUMMER Mozarts Heiterkeit hat etwas Sinnliches.

TRAPS Frau von Fuhr ist einsame Klasse –

KUMMER Professor Bürden ist einsame Klasse.

TRAPS Nie von ihm gehört.

KUMMER Kamen Sie über Donnerswil?

TRAPS Das Dorf vor Lappigen?

KUMMER Da sahen Sie links seine Irrenanstalt.

TRAPS Der Tod ihres blutjungen Gatten muß für Frau von Fuhr ein schrecklicher Schlag gewesen sein.

KUMMER Er war zweiundachtzig, als er in der Hochzeitsnacht starb. Seine blonde Perücke ging in Flammen auf.

TRAPS Ich dachte, er habe sich erschossen.

KUMMER Das redet ihr ihr Bürden jetzt ein.

TRAPS Ich verstehe nicht.

KUMMER Sie rauchte eine Zigarette, während er schlief.

TRAPS Ein Unglücksfall.

KUMMER *hebt die Flasche hoch* Hauptsache, unser Gastgeber erbte den Weinkeller ihres verglimmten Mannes. Er kennt alle juristischen Kniffe, und das Unbewußte seiner Enkelin ist ungemein beeinflußbar. Auf Ihr Wohl, junger Mann.

Sie stoßen an.

TRAPS Auf Ihr Wohl, Herr Kummer.

KUMMER Auf Ihr Glück und auf meine Kunst. Auf meine Kunst als Ihr Verteidiger selbstverständlich. Ex!

Sie trinken. Kummer schenkt sich wieder ein, geht nach rechts. Traps hebt wieder den Vorhang, schaut nach links hinten.

KUMMER Köstlich, dieser schlichte herbe Weißwein 1970. Na ja, Schloßabfüllung bleibt Schloßabfüllung. Ex! *Trinkt.* Kommen wir zur Sache, zu Ihrer Sache, mein Bester. Die Situation ist nicht ungefährlich. Der Staatsanwalt ist immer noch im Besitze seiner geistigen Kapazität, mein Lieber, und der Gastgeber ungemein streng als Richter. Ex. *Trinkt, schenkt sich wieder ein.*

Traps kommt zu ihm. Kummer hört auf die Musik.

KUMMER Mo – Mo – Mozart! Soll auch vergiftet worden sein. Haben Sie vielleicht auch jemanden –? *Trinkt.*
TRAPS Was denn, Herr Kummer?
KUMMER Nichts, nichts. Die Welt ist voller Verbrechen. Doch keine Bange, Herr Traps. Es gelang mir, die meisten Fälle durchzubringen oder wenigstens zu mildern. Nur einmal, bei einem Raubmord, war nichts zu retten. Aber ein Raubmord kommt bei Ihnen wohl kaum in Frage, wie ich Sie einschätze, oder doch? Ex! *Trinkt aus, schenkt sich wieder ein.*
TRAPS *lacht* Ich bin leider kein Verbrecher, Herr Kummer. Auf Ihr Wohl noch einmal.

Er bemerkt, daß sein Glas leer ist. Kummer schenkt ihm widerwillig, dann sich selber ein.

TRAPS Ex.
KUMMER Ex.

Sie trinken.

TRAPS Dieser Nachgeschmack.
KUMMER Typisch für einen weißen Saint-Julien. Sie fühlen sich unschuldig, Herr Traps? *Geht nach links.*

Traps erblickt Justine.

TRAPS Na hören Sie mal! Seh ich wie ein Verbrecher aus?
KUMMER Hm. Verbrecher sehen nie wie Verbrecher aus.
  Nur Künstler sehen wie Verbrecher aus. Komponi-
  sten, Maler, Dichter. Ich zum Beispiel. Dichten, kom-
  ponieren, malen Sie?
TRAPS Nein. *Starrt Justine an, die ihn nicht bemerkt.*
KUMMER Eben. Vor allem: Überlegen Sie sich jedes Wort.
  Plappern sie nicht vor sich hin, sonst werden Sie zu
  einer langjährigen Zuchthausstrafe verdonnert, ohne
  daß noch zu helfen wäre. Ex. *Trinkt aus. Schaut auf
  die leere Flasche.* Gehen wir hinein.

Zwischenvorhang auf.
Simone mit Tablett links vorne auf dem Podest.

TRAPS *in den Anblick Justines versunken* Will ich, will
  ich.
KUMMER Und das Wichtigste: Schneiden Sie nicht auf.
  An der Aufschneiderei ging schon mancher jämmerlich
  zugrunde. Ich könnte Ihnen aus meiner 60jährigen
  Anwaltspraxis Grausiges berichten.

TRAPS Ein vergnügliches Gesellschaftsspiel. Zum Totlachen. *Starrt Justine an.*
KUMMER Kommen Sie, Herr Traps, kommen Sie.

Musik aus.
Justine mit Bank rechts ab.
Die anderen, um Wucht rechts versammelt, gehen auf
ihre Plätze; jeder einen Pokal vor sich, an den Plätzen
von Traps und Kummer steht ebenfalls ein Pokal.
Links außen Simone mit dem Tablett, darauf die Weiß-
weingläser. Kummer und Traps stellen ihre Weißweinglä-
ser und die Flasche darauf.
Simone steht unbeweglich würdig.

KUMMER Setzen wir uns. Simone schenkte ein, wie ich
konstatiere. Was gibt's denn?
WUCHT Nummer eins, eine Magnum, Château Talbot.
Hebt eine Karaffe hoch.
ZORN Auch ein Saint-Julien.
WUCHT Aber ein roter. Grand cru. Ancien domaine du
connaitable de Guyenne.
KUMMER Der kommt schon bei Schiller vor: »Unsinn, du
siegst, und ich muß untergehen.«
SIMONE ›Jungfrau von Orleans‹. *Rechts hinten ab.*
WUCHT Schloßabfüllung. Mis en bouteilles au château.
ZORN 1961.
WUCHT Herr Traps, wir sind nicht gewöhnliche Trinker,
wie Sie nun wohl denken. Wir betrinken uns zwar,
aber nicht auf eine banale, sondern auf eine geniale
Weise. Wir sind – so darf ich mich ausdrücken –
Virtuosen in der Kunst, sich zu betrinken, gleichsam
Dramaturgen der Völlerei. Wenn Sie nun in den fol-

genden Stunden immer vollkommenere Weine vorge-
setzt bekommen, so trinken wir sie – entgegen der
Gewohnheit der Banausen – aus den stets gleichen
kostbaren Pokalen, die wir zwar leeren, aber nur, um
sie mit stets älteren Jahrgängen nachzufüllen. Riechen.

Alle riechen.

ZORN Weiß nicht –
KUMMER Ein junger Springinsfeld.
WUCHT Kosten.

Alle kosten. Wucht trinkt aus, stellt den Pokal ab.

PILET Zapfen.
KUMMER Möglich.
ZORN Unsinn.
WUCHT Kein Zapfen!
KUMMER Kein Zapfen.
ZORN Überhaupt kein Zapfen.
WUCHT Trinken.

Alle trinken auf verschiedene Weise.

PILET Fein.
TRAPS Toll! *Kostet noch einmal.*
ZORN Käsebrötchen? Emmentaler, Brie, Appenzeller?

Traps bedient sich. Pilet holt sich die Karaffe.

ZORN Nun? Angeklagter, wir hoffen auf einen schönen
    stattlichen Mord.

KUMMER Protestiere. Eine klassische Unterstellung.
WUCHT Protest angenommen.

Gelächter.

KUMMER Mein Klient ist eine juristische Rarität: unschuldig.

*Er holt sich die Karaffe zurück, schenkt sich ein. (Pilet
und Kummer saufen gewaltig, Zorn mäßiger, Wucht im
ersten Teil mäßig; er wartet auf die älteren Jahrgänge des
zweiten Teils.)*

ZORN Noch nie vorgekommen.
WUCHT Muß untersucht werden.

*Kummer notgedrungen hinten rechts ab: der Weißwein
treibt.*

TRAPS *lacht* Nur zu, Herr Richter. *Ißt Käse.*
PILET Fein. *Holt die Karaffe wieder.*
WUCHT Ihr Alter, Herr Traps?
TRAPS Fünfundvierzig.
WUCHT Verheiratet?
TRAPS Seit elf Jahren.
WUCHT Kinderchen?
TRAPS Vier. Ich bin ein fruchtbarer Mensch, Herr
Wucht.
WUCHT Ihr Beruf?
TRAPS Generalvertreter.
WUCHT Erlitten eine Panne?
TRAPS Zufällig. Zum ersten Mal seit einem Jahr.

WUCHT Und vor einem Jahr?

TRAPS Nun, da fuhr ich noch den alten Wagen. Einen Citroën. Jetzt besitze ich einen Jaguar, rotlackiertes Extramodell.

WUCHT Jaguar? Ei!

ZORN Donnerwetter!

WUCHT Und erst seit kurzem? Waren wohl vorher nicht Generalverteter?

TRAPS Ein simpler, gewöhnlicher Reisender in Textilien.

WUCHT Karriere.

KUMMER *kommt wieder von rechts hinten* Herr Traps, passen Sie auf! Hinter jeder Frage lauert eine Falle.

TRAPS Meine Herren, bis jetzt waren die Abende in der Schlaraffia das Komischste, was ich so kannte, aber dieser Herrenabend ist noch ulkiger.

WUCHT Ach, sind in der Schlaraffia? Wie ist denn Ihr Name dort? He he!

TRAPS Ritter Ka Punkt Sanova. Casanova.

KUMMER Menschenskind!

WUCHT Soso.

ZORN Aha.

PILET Fein.

KUMMER Herr Traps, Herr Traps! Sie sind aber sorglos!

WUCHT Auf die Justiz.

Alle erheben sich.

KUMMER Auf die Justiz. *Trinkt seinen Pokal leer.*

DIE ANDEREN Auf die Justiz. *Wollen trinken.*

KUMMER Hohes Gericht. So schlimm ist Alfredo Trapsens Name in der Schlaraffia nun wieder nicht. Wenn er Marquis de Sade oder Jack the Ripper genannt

würde, meinetwegen, da dürften wir – *Bemerkt, daß
sein Pokal leer ist* – stutzen.
WUCHT Austrinken.

Alle außer Kummer, der sich setzt, trinken aus.

PILET Fein.
TRAPS Erstklassig.
WUCHT Ein wenig jung war er schon.
ZORN Fing gerade an zu arbeiten.

Sie setzen sich wieder.

KUMMER Was sollten Einundsechziger denn anderes tun?
WUCHT Ein schöner Schlaraffenname ›Casanova‹.
ZORN Chevalier de Seingalt, wie sich der alte Weiberheld
auch noch nannte.
PILET Fein.
KUMMER Schon der übertrieb maßlos.
WUCHT Darf von Ihrem Schlaraffennamen nicht auf Ihr
Privatleben geschlossen werden, Herr Traps?
KUMMER Psst!
ZORN Ein Lachsbrötchen, Herr Traps?

Traps bedient sich.

KUMMER Aufgepaßt!
TRAPS Lieber Herr Richter, nur bedingt. Ich bin strengstens verheiratet, und wenn mir mit Weibern was
außerehelich passiert, so nur zufälligerweise und ohne
Ambition.

Simone kommt mit Karaffe von rechts hinten.

WUCHT Soso.

ZORN Hmhm.

PILET Fein.

SIMONE Eine Magnum, Château Gruaud-Larose, grand cru classé, Saint-Julien, mis en bouteilles au château 1949. *Schenkt ein.*

Pilet nimmt ihr die neue Karaffe ab. Simone nach rechts hinten mit alter Karaffe ab.

ZORN Nummer zwei. Neugierig.

KUMMER Weiß nicht, der Neunundvierziger arbeitet jetzt bestimmt.

WUCHT Riechen.

Alle riechen.

ZORN Na.

KUMMER Oho.

WUCHT Kosten.

Alle kosten.

PILET Zapfen.

KUMMER Zapfen?

ZORN Behauptet Pilet immer.

WUCHT Er will uns nur am Saufen hindern. Trinken.

Alle trinken.

PILET Fein.

TRAPS Phantastisch.

ZORN Passabel.

KUMMER Hochanständig. *Holt sich bei Pilet die Karaffe wieder.*

WUCHT In fünfzehn Jahren wird er unübertrefflich. Dann ist er fünfundvierzig Jahre alt. *Trinkt.* Lieber Herr Traps, auch Sie sind fünfundvierzig. Hätten Sie vielleicht die Güte, der hier versammelten Runde Ihr Leben in kurzen Zügen bekanntgeben zu wollen? Da wir ja beschlossen, über Sie als unsern lieben Gast und Sünder zu Gericht zu sitzen und Sie womöglich auf Jahre hinaus zu verknurren oder gar an den Galgen zu bringen, ist es nur angemessen, Näheres, Privates, Intimes zu erfahren, Weibergeschichten, wenn möglich gesalzen und gepfeffert!

PILET Erzählen, erzählen!

ZORN Einmal war ein Zuhälter unser Gast, Herr Traps, der hat die spannendsten und pikantesten Geschichten aus seinem Metier erzählt, ho ho!

KUMMER Und ist zu alledem mit nur vier Jahren Zuchthaus davongekommen. Dank meiner Kunst. *Erhebt sich.* Sollte, denke ich, der Staatsanwalt auch erwähnen. *Setzt sich wieder.*

PILET Fein. *Schleicht sich vor dem Tisch mit seinem Pokal zur Karaffe hin.*

TRAPS Was gibt es schon von mir zu erzählen.

KUMMER Überlegen, Traps, überlegen.

Pilet holt die Karaffe vom Tisch, beginnt sie auszutrinken.

TRAPS Ich bin kein Zuhälter. Ich führe ein alltägliches Leben, meine Herren. Zwar machte ich eine harte

Jugend durch. Mein Vater war Fabrikarbeiter, ein Proletarier, den Irrlehren von Marx und Engels verfallen, ein verbitterter, freudloser Mann, der sich nie um mich kümmerte. Die Mutter Wäscherin, früh verblüht. Ich durfte nur die Primarschule besuchen, nur die Primarschule. *Trinkt seinen Pokal leer.*

WUCHT Nur die Primarschule. Haben sich aber prächtig gemausert, Verehrter.

TRAPS Das will ich meinen. Und vor fünfzehn Jahren war ich noch Hausierer und zog mit einem Köfferchen von Haus zu Haus.

KUMMER Geben Sie acht, Traps, geben Sie zum ersten Mal in Ihrem Leben acht.

Pilet stellt die leere Karaffe wieder auf den Tisch.

TRAPS Harte Arbeit, Tippeln, Übernachten in Heuschobern, zweifelhaften Herbergen. Ich fing von unten an in meiner Branche. Aber jetzt, meine Herren, ich will mich nicht rühmen, aber fährt einer von Ihnen einen rotlackierten Jaguar, Spezialausführung?

KUMMER *beunruhigt* Vorsichtig!

Pilet taumelt auf seinen Platz zurück.

WUCHT Wie ist denn das gekommen?

KUMMER Passen Sie auf – *Bemerkt, daß die Karaffe leer ist* – und reden Sie nicht soviel. *Wütender Blick zu Pilet.*

ZORN Noch ein Kaviarbrötchen, Herr Traps. Nehmen Sie, nehmen Sie.

TRAPS *bedient sich* Ich übernahm die Generalvertretung

der Hephaiston auf diesem Kontinent, meine Herren.

WUCHT Hephaiston? Schleierhaft.

TRAPS Und doch sind Sie nahe daran, verehrter Gastgeber
und Richter. Sie sagen selber »schleierhaft«. Wie es
heute Nylon, Perlon, Myrlon gibt, Kunststoffe, von
denen das Hohe Gericht doch wohl hörte, so gibt es
auch Hephaiston, die Königin der Kunststoffe, unzer-
reißbar, durchsichtig, doch dabei gerade für Rheuma-
tiker eine Wohltat, ebenso verwendbar in der Industrie
wie in der Mode, für den Krieg wie für den Frieden,
der vollendete Stoff für Fallschirme und zugleich die
pikanteste Materie für Nachthemden schönster Damen, wie ich aus eigener Forschung weiß. *Leckt sich
die Finger.*

WUCHT Na, na.

KUMMER Menschenskind!

Von rechts Simone mit neuer Karaffe.

ZORN Eigene Forschung! Ho! Ho!

PILET Fein.

SIMONE Eine Magnum, Château Figeac.

WUCHT Pokale!

Alle schieben die Pokale zu Wucht.

SIMONE Premier grand cru Saint-Emilion, mis en bouteilles au château 1934. *Schenkt ein.*

ZORN Nummer drei!

Kummer trinkt heimlich Pilets Pokal leer.

WUCHT Das ist ein Jahrgängchen, meine Herren, ein
Jahrgängchen!

ZORN Nur beim Pauillac gut.
KUMMER Werden sehen, werden sehen.
TRAPS Ein 1934er, bin einfach baff.
WUCHT Ihr Jahrgang, lieber Traps, Ihr Jahrgang.
TRAPS Noch nie getrunken.
WUCHT Riechen.

Alle riechen.

ZORN Na ja.
KUMMER Weiß nicht.
WUCHT Merkwürdig.
PILET Fein.
TRAPS Unheimlich dieser Duft.
WUCHT Kosten.

Alle kosten.
Pilet, dessen Pokal leer ist, wird wütend.

PILET Zapfen!
WUCHT Zapfen?
KUMMER Zapfen?
ZORN Zapfen?
PILET Im nächsten Jahr ist der Essig.
TRAPS Ach was! Ein prächtiger Tropfen. Mein Tropfen.
WUCHT Trinken.

Alle trinken außer Pilet.

PILET Unfair!

Kummer grinst.

ZORN Dieses Jahr wird er nicht überleben.

WUCHT Er wird uns alle überleben!

KUMMER Hauptsache, wir saufen ihn jetzt.

TRAPS Einfach gigantisch.

WUCHT Gigantisch wie Ihre Karriere, mein lieber Alfredo Traps. Durchforschen wir Ihren Fall etwas weiter.

Pilet nimmt Zorns Pokal, leert ihn in den seinen.

WUCHT Ein unwichtiger Punkt ist noch nicht geklärt: Wie kamen Sie beruflich zu einem so lukrativen Posten? Allein durch eiserne Energie?

ZORN Etwas Bündnerfleisch?

Traps bedient sich.

KUMMER Achtung! Aufpassen! Jetzt wird's gefährlich.

TRAPS Das ist nicht leicht gewesen. Ich mußte zuerst Gygax beseitigen.

WUCHT Ei, und Herr Gygax, wer ist denn der wieder?

TRAPS Mein früherer Chef.

WUCHT Hm. Er mußte beseitigt werden? Verdrängt werden, wollten Sie sagen?

TRAPS Mein lieber Herr Wucht, Sie hörten schon richtig. Auf die Seite geschafft werden mußte er, um im rauhen Ton meiner Branche zu bleiben. Es geht hart zu im Geschäftsleben: Wie du mir, so ich dir. Wer ein Gentleman sein will, bitte schön, dafür ist die Heilsarmee da. Ich verdiene Geld wie Heu, doch ich schufte auch wie zehn Elefanten. Jeden Tag spule ich dreihundert Kilometer mit meinem Jaguar herunter, da habe ich das Recht, über Leichen zu gehen, wenn es sein muß,

und manchmal mußte es eben sein. Noch so ein
Kaviarbrötchen. *Bedient sich.* Na ja, so ganz fair ging
ich nicht vor, als es hieß, dem alten Gygax das Messer
an die Kehle zu setzen und – *Kaut* – Spitze, dieser
Kaviar. Ich mußte vorwärtskommen, meine Herren.
Was will einer, Geschäft ist Geschäft.

WUCHT Auf die Seite schaffen, ein Messer an die Kehle
setzen, das sind ja ziemlich bösartige Ausdrücke, lieber Traps.

TRAPS *lacht* Natürlich nur im übertragenen Sinne zu verstehen.

WUCHT Herr Gygax befindet sich wohl, Verehrtester?

TRAPS Letztes Jahr gestorben.

Zorn läßt einen Pfiff los.

KUMMER Sind Sie toll?

PILET Fein.

KUMMER Sie sind wohl ganz verrückt geworden?

WUCHT Schön, da hätten wir unseren Toten aufgestöbert.
Erhebt sich. Meine Herren, auf diesen Fund hin trinke
ich ganz speziell auf das Wohl unseres teuren Gastes.
Mit seinem Jahrgang.

Alle erheben sich.

PILET Fein.

ZORN Auf sein Schicksal.

KUMMER Auf sein Glück.

Alle erheben den Pokal.

TRAPS Auf meine Tüchtigkeit, Pupille, meine Herren,
Pupille.

Alle schauen sich zackig in die Augen.
Zorn bemerkt, daß sein Pokal leer ist, wie er mit Pilet
›Pupille‹ macht.

WUCHT Nun also zu unserer Leiche, die sich am Horizont zeigt. Vielleicht läßt sich gar ein Mordchen aufdecken, das unser lieber Traps begangen haben könnte zu seiner und unserer Freude.

Traps lacht. Zorn nimmt Pilets Pokal, trinkt ihn leer.

TRAPS Muß bedauern, meine Herren, muß bedauern.

Gelächter.

TRAPS *schlürft Wein* Wie im Märchen, mein Jahrgang.
KUMMER Das Märchen, lieber Traps, sind Sie. Es ist mir noch nie ein Angeklagter begegnet, der mit größerer Seelenruhe so unvorsichtige Aussagen gemacht hätte.
TRAPS Keine Bange, lieber Nachbar! Wenn erst einmal das Verhör beginnt, werde ich schon den Kopf nicht verlieren.

Stille.

KUMMER Sie Unglücksmensch, was meinen Sie damit: wenn erst einmal das Verhör beginnt?
TRAPS Nun? *Trinkt.* Hat es etwa schon begonnen?
WUCHT Er hat es nicht gemerkt.

Totenstille.
Alle springen auf, hopsen umher.

WUCHT Er hat es nicht gemerkt.

ZORN Kolossal! Grandios! Phänomenal!

PILET Fein.

TRAPS *stutzt* Meine Herren, verzeihen Sie, ich dachte mir das Spiel feierlicher, würdiger, förmlicher, mehr Gerichtssaal.

WUCHT Liebster Traps, Ihr bestürztes Gesicht ist unbezahlbar. Unsere Art, Gericht zu halten, scheint Ihnen offenbar allzu munter. Doch, Wertgeschätzter, wir vier an diesem Tisch befreiten uns vom unnötigen Wust der Formeln, Protokolle, Schreibereien, Gesetze und was sonst für Kram unsere Gerichtssäle belastet. Wir richten ohne die lumpigen Gesetzbücher und Paragraphen.

TRAPS *hat schon etwas Zungenschlag* Mutig. Mutig. Hohes Gericht, das imponiert mir.

WUCHT Meine Herren, damit ist meine Einvernahme des überaus sympathischen und uns wohlgesinnten Angeklagten beendet.

Wucht, Zorn, Pilet nach rechts hinten ab.

KUMMER *erhebt sich, etwas mühsam* Meine Herren, ich gehe Luft schnappen. Ein kleiner Gesundheitsspaziergang und eine Zigarette tun gut. Ich lade Herrn Traps ein, mich zu begleiten.

TRAPS Aber gerne, Herr Verteidiger. *Erhebt sich ebenfalls etwas mühsam.* Ich möchte bloß noch meinen Jahrgang austrinken. *Trinkt.*

KUMMER Trinken Sie ihn aus. Sie machen sich ohnehin fertig, wenn Sie so weiterfahren.

Traps hat seinen Pokal ausgetrunken.

KUMMER Kommen Sie, mein guter Traps, kommen Sie.

Kummer tritt vom Podest.
Musik.
Traps schaut nach links hinten.

KUMMER Kommen Sie, Traps, kommen Sie.

Traps ebenfalls links vom Podest.
Zwischenvorhang zu.

KUMMER Treten wir in die Nacht hinaus, die nun majestätisch hereingebrochen ist.

*Traps zieht sich die Jacke aus, gibt sie einem Bühnen-
arbeiter.*

KUMMER Meine dichterische Ader, mein Freund. Geben
Sie mir den Arm.
TRAPS Bitte.

Die beiden gehen nach rechts.

TRAPS Vorsichtig. Hier wittere ich einen Teich.
KUMMER Ein Swimming-pool mit Umwäl – Umwäl – mit
Umwälzpumpe. Die Gartenbank.

Von rechts wird eine Bank hereingeschoben.

KUMMER Danke schön! Setzen wir uns.

Sie setzen sich auf die Bank.

KUMMER *bietet Traps eine Zigarre an* Havanna?
TRAPS Habe die Ehre.
KUMMER Die gleiche raucht Fidel Castro.

Sie beißen die Zigarre an.

TRAPS *bietet sein Feuerzeug an* Feuer?
KUMMER Streichhölzer, mein Freund. Zigarren brennt
man mit Streichhölzern an. *Markiert Zigarrenanzün-
den, erhebt sich.* Kühle steigt auf. Die hat man nötig in
dieser Sommernacht. *Zieht seine Jacke aus, gibt sie
einem Bühnenarbeiter rechts außen. Setzt sich wieder,
schaut nach unten.* Wega, Deneb, Atair.
TRAPS Wie bitte?
KUMMER Die Sommersterne. Sie spiegeln sich im Wasser.
*Läßt die Zigarre fallen, erhebt sich wieder, nimmt eine
neue Zigarre aus der Tasche, markiert Anzünden.*
TRAPS Keine Ahnung von den Sternen.
KUMMER Wieder Mozart.
TRAPS Verstehe nichts von klassischer Musik.
KUMMER Wieder Es-dur. *Setzt sich auf die Bank.*
TRAPS Mir zu feierlich.
KUMMER Der Gemeindepräsident liegt im Sterben.
TRAPS Ach so.
KUMMER Mein Freund, rüsten wir uns für die schwere
Prüfung, die uns beide erwartet.

Pause.
Sie rauchen. Wippen mit den Füßen im Takt der Musik.

TRAPS Die Havanna ist prima.
KUMMER Tut gut.

TRAPS Ein toller Jux da drinnen. Ich lachte mich kugelrund. Ein gar zu komisches Gesellschaftsspiel.

KUMMER Für uns, mein Bester, für uns. Wir leben wieder auf. Der Staatsanwalt lag im Sterben, bei unserem Gastgeber vermutete man Magenkrebs, Pilet litt an Diabetes, mir machte der Blutdruck zu schaffen. Ein Hundeleben. Da kam der Staatsanwalt auf die Idee, das Spiel einzuführen. Die Hormone, die Mägen, die Bauchspeicheldrüsen kamen wieder in Schwung, die Langeweile verschwand, Energie, Jugendlichkeit, Elastizität, Appetit stellten sich ein. Sehen Sie mal. *Erhebt sich. Macht eine Turnübung.* Wir spielen das Spiel jede Woche, oft mehrmals. Erst vorgestern hielten wir Gericht über ein Frauenzimmer, das vor uns den Ehebruch verteidigte. Zorn forderte die Todesstrafe. Wucht verurteilte sie zu zehn Jahren Zuchthaus. Nur durch meine Kunst kam sie nicht an den Galgen.

TRAPS Großartig, diese Produktion.

Kummer setzt sich wieder.

TRAPS Aber mit dem Galgen übertreiben Sie ein bißchen, verehrter Herr Rechtsanwalt.

KUMMER Wieso?

TRAPS Die Todesstrafe ist längst abgeschafft!

KUMMER Ja, in der staatlichen Justiz. Doch wir haben es hier mit einer privaten Justiz zu tun und führten sie wieder ein. Gerade die Möglichkeit der Todesstrafe macht unser Spiel so spannend.

TRAPS *lacht* Na, einen Henker haben Sie wohl auch?

KUMMER Pilet.

TRAPS Pilet?

KUMMER Er war einer der tüchtigsten Henker im Nachbarlande und ist in seiner Kunst noch immer auf dem laufenden.

Schweigen.

TRAPS Kalt auf einmal. *Bricht plötzlich in ein Gelächter aus.* Fürchtete mich plötzlich. Aber das ist Unsinn. Ohne Henker wäre das Spiel weniger lustig, und ich freue mich schon, das Abenteuer bald in der Schlaraffia zum besten geben zu können, wohin man den Henker sicher auch einmal kommen lassen wird, gegen ein kleines Honorar und Spesen – Hören Sie? *Geht nach links.*

KUMMER Nun?

TRAPS Das war doch ein Schrei!

KUMMER Emma Pracht.

TRAPS Emma Pracht. Wer zum Teufel? –

KUMMER Das Frauenzimmer.

TRAPS Sie ist noch hier?

KUMMER Das Urteil ist gefällt. Sie befindet sich im Zimmer für Mehrjährige.

TRAPS Für Mehrjährige. *Zieht sich links außen die Jacke an.*

KUMMER Wir haben für jede Art von Strafe ein Zimmer.

TRAPS *lacht* Fiel wieder rein. Fürchtete mich wieder. So viele Zimmer gibt es ja gar nicht in diesem Haus.

KUMMER Die Villa ist geräumiger, als Sie denken. Einerseits haben wir Glück, mein Bester: Der Staatsanwalt interessiert sich nicht für Ihre saftigen Ehebrüche, die Sie ihm unter die Nase rieben. Anderseits – *Raucht.* Junger Mann, ein ernstes Wort, ich will wie ein Vater zu Ihnen reden:

Traps kommt zu ihm, setzt sich auf die Bank.

KUMMER Wir sind im schönsten Zuge, unseren Prozeß in Bausch und Bogen zu verlieren. Darum Vertrauen gegen Vertrauen: Wie brachten Sie Gygax um?

TRAPS Ich soll ihn umgebracht haben?

KUMMER Na, wenn er doch tot ist.

TRAPS Ich brachte ihn aber nicht um.

KUMMER Mein lieber junger Freund, ich begreife die Bedenken. Von allen Verbrechen sind die Morde am peinlichsten zu gestehen. Der Angeklagte schämt sich, will seine Tat nicht wahrhaben, vergißt, verdrängt sie aus dem Gedächtnis, ist überhaupt voller Vorurteile der Vergangenheit gegenüber, belastet sich mit übertriebenen Schuldgefühlen und traut niemandem, selbst seinem väterlichen Freunde nicht, dem Verteidiger, was gerade das Verkehrteste ist, denn ein rechter Verteidiger liebt den Mord, jubelt auf, bringt man ihm einen. Her damit, lieber Traps! Mir wird erst wohl, wenn ich vor einer wirklichen Aufgabe stehe. Da fängt das Hirn an zu denken und zu dichten, zu schnurren und zu schnarren, daß es eine Freude ist. Darum heraus mit dem Geständnis, alter Knabe!

TRAPS Ich habe aber nichts zu gestehen.

KUMMER Junge, Junge, was heißt das nun wieder? Gestehen muß man, ob man will oder nicht, und zu gestehen hat man immer was, das dürfte Ihnen doch langsam dämmern! Ehrlich, wie brachten Sie Gygax um? Im Affekt? Da müßten wir uns auf eine Anklage auf Totschlag gefaßt machen.

TRAPS Mein lieber Herr Verteidiger, der besondere Reiz dieses Spiels besteht darin – wenn ich als Anfänger meine Meinung äußern darf –, daß einem dabei unheimlich wird. Das Spiel droht in die Wirklichkeit umzukippen. Man fragt sich auf einmal, bin ich nun ein Verbrecher oder nicht, habe ich den alten Gygax getötet oder nicht? Ganz durcheinander kommt man, wie im Kino geht's zu. Das ist das Spannende. Darum Vertrauen gegen Vertrauen: Ich bin wirklich unschuldig am Tode des alten Gangsters.

KUMMER Na gut. Unschuldig. Mein lieber Traps, die Folgen werden Sie sich selber zuzuschreiben haben. *Erhebt sich, zieht die Jacke an.*

Musik aus.

TRAPS Endlich hören sie auf zu blasen.
KUMMER Endlich ist der Gemeindepräsident gestorben.

Musik wieder an.

TRAPS Doch nicht.
KUMMER Wieder dasselbe.
TRAPS Das kann ich bald pfeifen.

Von links kommt Pilet.

KUMMER Auch das Göttliche nutzt sich ab. Hienieden.
PILET Suppe.
TRAPS *erhebt sich und geht auf Pilet zu* Herr Pilet. Ich erfuhr Ihren Beruf. Sie denken nun, ich schaudere vor Ihnen. Ich schaudere nicht. Ihr Beruf ist ein erhabener Beruf. *Schüttelt Pilet die Hand, der ihn verdutzt anglotzt.*

KUMMER *erhebt sich* Gehen wir hinein.

Kummer nach links. Bank weg.

KUMMER Kommen Sie, mein Unschuldslamm. Ein paar
  Alka-Seltzer und Simones Gu – Gu – Gulaschsuppe als
  Zwischenmahlzeit, eine Spezialität des Hauses.

Kummer und Traps nach links außen ab.
Pilet ist allein vor dem Zwischenvorhang.

PILET Fein.

Dunkel.

Zweiter Teil

*Zorn, mit einer riesigen umgebundenen Serviette, un-
beschreibliche Überreste der Gulaschsuppe darauf, und
Kummer stehen links vor dem Tisch. Vor ihnen sitzt
Wucht mit einer Karaffe. Vor ihm kniet Traps. Auf dem
nun mit einem großen weißen Tuch bedeckten Tisch nur
noch die fünf Weinpokale.
Rechts außen ein altmodischer Fotoapparat mit Selbstaus-
löser und Stativ.
Pilet unter einem schwarzen Tuch dirigiert die Gruppe.
Stellt den Selbstauslöser ein.*

PILET Fein.

*Pilet legt sich vor die anderen. Er starrt wie sie in den
Apparat. Allgemeine Ungeduld. Geht zum Apparat zu-
rück.
Blitzlicht.*

PILET Wieder nicht drauf. *Trägt den Fotoapparat verärgert nach rechts hinten.*

Die anderen gehen zu ihren Plätzen, bleiben noch stehen.

WUCHT Meine Freunde. Nach der Suppe, die wir andächtig auslöffelten, nach dem Mokka – *Hebt die Karaffe
in die Höhe* – und nach Nummer vier, einem Château

Pape Clément, premier grand cru classé, Graves 1919, mis en bouteilles au château, den wir beschnupperten, kosteten und für würdig befanden –

Pilet kommt zurück.

WUCHT – endlich, nachdem uns noch unser guter Pilet fotografisch für unser Gästebuch dokumentierte, darf ich die Verhandlung fortsetzen.

TRAPS *erhebt seinen Pokal* Auf die Geselligkeit, auf die Heiterkeit und – auf die Gerechtigkeit.

PILET Auf die Gerechtigkeit.

Er trinkt, setzt sich, ebenso Wucht. Kummer rückt seinen Sessel vom Tisch, mit Rücken gegen Traps.

TRAPS Mein Gott, dieser Wein ist der Hammer! Die Träume, die aufsteigen, die Erinnerungen, die wach werden.

Kummer setzt sich, zieht Notizbuch.

ZORN Bevor ich plädiere, Herr Richter, wünsche ich, dem Angeklagten noch einige weitere Fragen zu stellen.

WUCHT Einspruch, Herr Verteidiger?

KUMMER Nein.

WUCHT Fragen Sie, Herr Staatsanwalt. *Beginnt zu trinken, behält die Karaffe in der Hand.*

ZORN Träume steigen auf. Sammeln Sie Briefmarken?

WUCHT Zur Sache!

KUMMER Bitte nein.

ZORN Erinnerungen werden bei Ihnen wach, lieber Traps. Sie vergifteten ihn.

TRAPS *verblüfft* Wen?

WUCHT Den alten Gygax. *Trinkt ihm zu.*

KUMMER Einspruch.

WUCHT Einspruch abgelehnt.

TRAPS *lacht* Pech, Herr Verteidiger. Aber auch Sie haben Pech, Herr Staatsanwalt. Vergiftet soll ich ihn haben, den alten Geizkragen? Nichts dergleichen.

ZORN Nun, sagen wir: Erschossen Sie Gygax?

TRAPS Auch nicht.

ZORN Arrangierten Sie einen Autounfall?

Gelächter.

KUMMER Aufpassen!

TRAPS Wieder Pech, Herr Staatsanwalt. Sie irren sich gewaltig. Gygax starb an einem Herzinfarkt, und es war nicht einmal der erste. Schon vorher erwischte es den alten Gauner, wenn er auch weiterhin den gesunden Mann spielte. Bei jeder Aufregung war zu befürchten, daß es ihn erneut umwerfen würde. Ich weiß es bestimmt.

ZORN So, und von wem denn?

TRAPS Von seiner Frau, Herr Staatsanwalt.

ZORN Von seiner Frau?

KUMMER Aufpassen! Nicht aufschneiden!

TRAPS Meine Herren, dieser Pape – Pape –

DIE ANDEREN Pape Clément 1919.

TRAPS Pape Clément 1919 übertrifft jede Erwartung. Doch damit das Hohe Gericht nicht etwa glaubt, ich verheimliche was, will ich die Wahrheit sagen und bei der Wahrheit bleiben, auch wenn mich der Verteidiger mit seinem »Aufpassen« umzischt. In einer so freundlichen und gemütlichen Gesellschaft braucht man sich doch nicht zu genieren, meine ich. Mit Frau Gygax nämlich hatte ich was. Nun ja, der alte Gangster war oft auf Reisen und vernachlässigte sein gutgebautes und leckeres Frauchen aufs grausamste. Da mußte ich hin und wieder den Tröster abgeben auf dem Kanapee in Gygaxens Wohnung und später bisweilen im Ehebett, wie es eben so kommt und wie es der Lauf der Welt ist.

Totenstille.

ZORN Das Indiz. *Er ist verblüfft.* Das Indiz!
WUCHT Na ja. Bin selber baff!
PILET Fein.

Riesengelächter.

KUMMER So ein Unverstand!
TRAPS Meine Herren, was gibt es da zu lachen?
WUCHT Er kommt nicht drauf.

Alle außer Traps singen und tanzen herum.

WUCHT Er kommt nicht drauf!
KUMMER, PILET, WUCHT, ZORN Er kommt nicht drauf. Er kommt, er kommt, er kommt nicht drauf –
TRAPS Ich weiß wirklich nicht –
ZORN *hat vor Lachen Mühe zu reden* Herr Traps, sind Sie immer noch mit Frau Gygax befreundet?

Alle starren gespannt auf Traps.

KUMMER Achtung! Das ist eine entscheidende Frage. Bleiben Sie bei der Wahrheit.

TRAPS Seit dem Tode Gygaxens besuchte ich das Frauchen nicht mehr. Ich wollte die brave Witwe schließlich nicht in Verruf bringen.

Stille.

KUMMER Sancta Simplicitas.
WUCHT Dolo malo!
ZORN Dolo malo!

Alle außer Traps tanzen vor Vergnügen im Zimmer herum und singen kanonartig

KUMMER, PILET, WUCHT, ZORN Dolo malo, dolo malo, dolo malo –
TRAPS Was soll denn das heißen?

Stille.

WUCHT Es kommt zum Todesurteil.

Alle singen und tanzen wieder, zuletzt auch Traps, der dazu in die Hände klatscht.

ALLE Es kommt, es kommt – zum Todesurteil, Todesurteil – zum Tod, zum Tod – es kommt, es kommt –

Pilet fällt vor den Tisch, bleibt dort liegen, säuft aber liegend weiter.

KUMMER *schenkt Traps ein* Saufen Sie, Traps, saufen Sie. Es bleibt Ihnen ja nun wirklich nichts anderes übrig. Sie sind wieder mal reingefallen. *Er ist verärgert.*

TRAPS *wundert sich* Reingefallen? Meine Herren, wieso denn? Das Leben ist nun einmal ein Karussell. Mal erliegt man einer Versuchung, mal nicht; mal gibt's ein Ehebrüchlein, mal nicht. Reine Glückssache. *Setzt sich.*

ZORN Werden sehen!

PILET Werden sehen!

WUCHT Herr Staatsanwalt, ist Ihr Verhör abgeschlossen?

ZORN *lacht immer noch* Abgeschlossen.

WUCHT Hat der Verteidiger einige Fragen –

KUMMER Verzichte.

WUCHT Herr Staatsanwalt, das Plädoyer.

KUMMER Nun gut, Traps, hören wir uns die Anklagerede an. Sie werden staunen, was Sie mit Ihrer Unvorsichtigkeit angerichtet haben. *Notgedrungen rechts hinten ab.*

ZORN *legt die Füße auf den Tisch* Hohes Gericht, das Vergnügliche unseres Herrenabends besteht darin, daß wir einem Mord auf die Spur gekommen sind!

TRAPS Ich soll einen Mord begangen haben? Na, hören Sie, jetzt kommen Sie mir wieder mit dieser faulen Geschichte. *Er bricht in Gelächter aus.* Jetzt begreife ich den Zauber! Ein wunderbarer Witz! Man will mir einreden, ich hätte einen Mord begangen! Zum Kugeln, Herr Staatsanwalt, zum Kugeln. *Trinkt.*

ZORN Der Angeklagte zweifelt an seiner Schuld. Menschlich. Doch eines darf schon jetzt betont werden, bevor die Leidenschaften unseres Spiels aufbrausen: Ob nun Traps ein Mörder ist oder nicht, so oder so steht uns eine besonders feierliche Stunde bevor, ist es doch ohne Verdächtigen nicht gut möglich, einen Mord zu entdecken oder zu widerlegen, mit einem Wort: Gerechtigkeit –

Simone und Kummer kommen von rechts hinten.

ZORN – walten zu lassen. Auf ein besonderes Wohl denn unserem bescheidenen Alfredo Traps, den ein wohlmeinendes Geschick in unsere Mitte brachte.

SIMONE Eine Magnum, Château Haut-Brion, premier grand cru classé, Graves, mis en bouteilles au château 1900.

WUCHT 1900.

Simone schenkt ein. Alle erheben sich außer Pilet, der liegen bleibt und von Traps den Pokal erhalten hat.

ZORN Runter mit dem Ersten Weltkrieg.

WUCHT Runter mit der Russischen Revolution.

KUMMER Runter mit dem Zweiten Weltkrieg.

PILET Runter mit dem Verbot der Todesstrafe.

TRAPS Runter mit all den miesen Ideen, die uns das Geschäftsleben vermasseln.

PILET Fein.

WUCHT Riechen.

Sie riechen.

ALLE Mmmh.

WUCHT Kosten.

Sie kosten.

PILET Zapfen.

Zorn wird feierlich.

ZORN Nach Zapfen schmeckt das zwanzigste Jahrhundert, nicht dieser Wein.

Kummer wird andächtig.

KUMMER Unglaublich, daß unser Säkulum mit einem so herrlichen Tropfen begann.
WUCHT Stoßen wir an.

Sie stoßen an.

KUMMER Alfredo Traps lebe –
DIE ANDEREN – hoch!

Wucht füllt seinen Pokal wieder, stellt die Karaffe auf den Boden. Pilet gelingt es immer wieder, daraus heimlich seinen Pokal zu füllen.

TRAPS Meine Herren, die Liebe, mit der Sie mich feiern, rührt mich. Ich schäme mich meiner Tränen nicht, es ist mein schönster Abend.
ZORN Auch ich habe Tränen in den Augen. Auch ich.
TRAPS Staatsanwalt, lieber, lieber Freund!
ZORN Angeklagter, lieber, lieber Traps.
TRAPS Sagen wir du zueinander.
ZORN Heiße Isaak. Auf dein Wohl, Alfredo!

Sie umarmen sich.

TRAPS Auf dein Wohl, Isaak! Meine Freunde nennen mich Fredi.

ZORN Die meinen Isi.

TRAPS Isi.

ZORN Fredi. – Könntest du mir nicht als Generalvertreter einige Briefmarken –

WUCHT Herr Staatsanwalt, ich muß doch sehr bitten!

KUMMER Nein, nein! *Setzt sich entrüstet auf Pilets Sessel, notiert.*

ZORN Wie hat sich doch alles geändert: Wir lernen den Angeklagten schätzen. Seine Sympathie schlägt uns entgegen. Sein Verbrechen wird schwerelos, unser Urteil heiter. Laßt mich denn zum vollbrachten Mord einige Worte der Anerkennung sprechen. *Er klettert auf seinen Sessel, setzt sich auf die Lehne.*

TRAPS Beweisen, Isi, beweisen! *Klettert ebenfalls auf die Lehne seines Sessels.*

ZORN Mein geliebter Fredi. Unsere Tafelrunde gab das Vorurteil auf, im Verbrechen etwas Schreckliches zu erblicken, in der Gerechtigkeit dagegen etwas Schönes. Nein, wir erkennen auch im Verbrechen die Schönheit.

PILET Mordsschönheit.

ZORN Die Mordsschönheit als die Vorbedingung, die Gerechtigkeit erst möglich macht. Soweit die ästhetisch-philosophische Seite. Würdigen wir nun die technische Perfektion deiner Tat.

PILET Würdigung.

ZORN Würdigung. Ich glaube, das rechte Wort getroffen zu haben, will doch meine Anklagerede nicht eine Schreckensrede sein, die dich genieren könnte, sondern eine Würdigung, die dir dein Verbrechen aufweist, aufblühen läßt, zu Bewußtsein bringt: Nur auf dem reinen Sockel der Erkenntnis ist es möglich, das fugenlose Monument der Gerechtigkeit zu errichten.

Traps sinkt gerührt auf den Sitz seines Sessels hinab.

TRAPS Ich staune. Einen Mord soll ich begangen haben, ausgerechnet ich, der ich ein Niemand bin, ein stinklangweiliger Textilvertreter –

PILET Generalvertreter.

TRAPS Generalvertreter. Nimmt mich nur wunder, wie.

ZORN Wie? Mein lieber Alfredo, zuerst fragen wir mal: warum? *Steigt vom Sessel.* Nun, als Fachmann muß ich durchaus von der These ausgehen, daß ein Verbrechen hinter jedem Vorgang, hinter jeder Person lauern kann. *Bemerkt, daß sein Pokal leer ist.*

TRAPS Oho!

PILET Kann.

ZORN Kann. Die erste Ahnung dieses ›Könnens‹ ist der Tatsache zu verdanken, daß du noch vor einem Jahr einen alten Citroën fuhrst und jetzt mit einem Jaguar herumstolzierst, mein Freund.

TRAPS Da müßte es aber nur so von Mördern wimmeln!

ZORN Warum nicht, mein lieber Fredi-Boy, warum nicht.

PILET Fein.

ZORN Doch kam Verdacht, logisch unterbaut, erst hoch, als zu erfahren war, woran dein sagenhafter Chef damals starb: an einem Herzinfarkt. *Kriecht über den Tisch.* Hier galt es einzusetzen, zu kombinieren, Scharfsinn aufzubieten, sich an die Wahrheit heranzupirschen, das Gewöhnliche als das Außergewöhnliche zu sehen, an einen Mord zu glauben, gerade weil es absurd schien, einen Mord zu vermuten. *Trinkt Wuchts Pokal aus, will doch Wucht den alten Wein allein trinken.*

TRAPS Ist auch absurd.

PILET War absurd.

TRAPS War absurd?

ZORN War absurd. *Klettert vom Tisch.*

Wucht leert die Karaffe.

ZORN Überblicken wir das vorhandene Material. Entwerfen wir ein Bild des verstorbenen Herrn Gygax. Was wir von ihm wissen, entnehmen wir deinen Worten, heißgeliebter Fredi: Gygax war der Generalvertreter des Hephaiston-Kunststoffes, eines Gewebes, dem wir alle die angenehmen Eigenschaften, die du ihm nachsagst, gerne zutrauen. *Nimmt seinen Sessel, stellt ihn neben den Pilets.*

Kummer geht hinter Wuchts Sessel. Simone holt Karaffe.

ZORN Gygax war ein Mensch, dürfen wir folgern, der aufs Ganze ging, seine Untergebenen rücksichtslos ausnutzte, der Geschäfte zu machen verstand, wenn auch die Mittel, mit denen er die Geschäfte machte, oft mehr als bedenklich waren.

TRAPS Der Gauner ist vollendet getroffen. Wunderbar, gradezu Hexerei!

KUMMER *schüttelt den Kopf* Schweigen Sie doch! *Setzt sich verärgert an seinen Platz.*

ZORN Dazu kommt, daß der Verstorbene seine Frau vernachlässigte –

*Simone von rechts hinten mit zwei Karaffen, wird von
Zorn als Frau Gygax in das Spiel mit einbezogen und zum
Sessel geführt.*

ZORN – die wir uns als leckeres und gutgebautes Frauenzimmer vorstellen dürfen. *Gibt Simone einen Klaps auf
den Hintern. Setzt sich auf Pilets Sessel.* Wenigstens
hast du dich ungefähr so ausgedrückt.

TRAPS Ein tolles Weib!

*Pilet wendet sich am Boden mit seinem Pokal Simone zu,
bettelt mit den Füßen.
Zorn stellt seinen Sessel dicht neben den Simones, setzt
sich neben sie.*

ZORN Gewiß, für Gygax zählte nur das Geschäft, aber er
war der Meinung, ein so exzeptionelles Mannsbild zu
sein, daß er von der Treue seiner Frau überzeugt war.

TRAPS Felsenfest.

ZORN Weshalb es denn für ihn ein harter Schlag gewesen
sein müßte, hätte er von der Untreue seiner Frau mit
dir, mein bewunderter Casanova von der Schlaraffia,
erfahren.

TRAPS War es auch!

Stille.

ZORN War es auch?

PILET War es auch!

KUMMER Reden sie doch nicht drauflos. Jetzt plappern
Sie wieder etwas ungemein Gefährliches.

ZORN Wie erfuhr er denn davon, der alte Sünder? Beich-
tete ihm sein leckeres Frauchen?

TRAPS Dazu fürchtete sie sich vor dem Gangster zu gewaltig.

ZORN Kam Gygax selber dahinter?

TRAPS Dazu war er zu eingebildet.

ZORN Gestandest etwa du, mein lieber Herzensfreund und Don Juan? *Erhebt sich.*

TRAPS Aber nein, Isi! Einer seiner sauberen Geschäftsfreunde klärte den alten Gauner auf. *Erhebt sich, faßt Zorn liebevoll bei den Schultern.*

ZORN Ach! Wieso denn?

TRAPS Er wollte mich schädigen. Er war mir immer feindlich gesinnt.

ZORN Hm. Wie erfuhr nun wieder dieser Ehrenmann von deinem Verhältnis?

TRAPS Ich erzählte es ihm.

ZORN Erzähltest es ihm!

TRAPS Na ja – bei einem Glas Wein. Was erzählt man nicht alles.

ZORN Na. Nun. Aber du sagtest doch eben, daß dir der Geschäftsfreund des Herrn Gygax feindlich gesinnt war. Bestand da nicht von vornherein die Gefahr, daß der alte Gauner alles erfahren würde?

KUMMER *erhebt sich erregt* Ich mache Herrn Traps darauf aufmerksam, daß diese Frage nicht beantwortet werden muß.

WUCHT Natürlich braucht unser guter Alfredo nicht. Zugegeben. *Erhebt sich.*

TRAPS *geht auf ihn zu* Hohes Gericht. Warum denn nicht? Die Frage ist doch ganz harmlos: die Gewißheit bestand sogar, daß Gygax alles erfahren würde.

Stille.

PILET Fein.

KUMMER Zu dumm, einfach zu dumm.

WUCHT Ein Geständnis, ein wunderschönes Geständnis.

*Homerisches Gelächter. Alle tanzen im Zimmer herum,
reichen sich die Hände.*

KUMMER, PILET, WUCHT, ZORN Ein Geständnis, ein Geständnis, ein Geständnis wunder-, wunderschön.

Auch Traps lacht, klatscht in die Hände.

TRAPS Aber was haben Sie denn, meine Herren? Sie
tanzen ja auf einmal im Zimmer herum!

SIMONE *springt auf* Zwei Magnum –

PILET Zwei Magnum –

SIMONE – Château Cheval Blanc –

ZORN – Cheval Blanc –

SIMONE – premier grand cru classé, Saint-Emilion –

KUMMER – Saint-Emilion –

SIMONE – mis en bouteilles au château 1899 –

WUCHT – au château –

ZORN – achtzehn –

PILET – hundert –

KUMMER – neun –

WUCHT – und –

TRAPS – neunzig.

*Vor dem Tisch stehen von links nach rechts gegen das
Publikum gewandt: Zorn, Kummer, Pilet, Wucht.*

ZORN Nummer sechs.

Sie beginnen zu singen.

WUCHT Ich will in ihm baden.
ZORN Ich will in ihm schwimmen.
KUMMER Ich will in ihm ertrinken.
TRAPS Ich will ihn nur saufen.
PILET Fein.
WUCHT Riechen.

Sie riechen.

ALLE Oh!
WUCHT Kosten.

Sie kosten. Alle ernüchtert.

PILET Zapfen?
KUMMER Zapfen!
WUCHT Zapfen!
TRAPS Zapfen!
ZORN Zapfen!

Alle gießen die Pokale aus.

ZORN Simone, die neue Karaffe.
SIMONE Bitte.
ALLE Jammerschade, jammerschade, jammer-, jammer-,
   jammerschade –

Simone gießt aus der alten Karaffe ein.
Alle gehen auf ihre alten Plätze.

WUCHT Riechen.

Sie riechen.

ALLE Ah!
WUCHT Kosten.

Sie kosten.

WUCHT Trinken.
ZORN Echtes neunzehntes Jahrhundert.
TRAPS Ein historischer Duft.
KUMMER Ich tauche in die gute alte Zeit hinab. *Verschwindet unter den Tisch.*
PILET Fein.
SIMONE Reingefallen. War dieselbe Karaffe.

Wucht holt sich wütend die neue Karaffe. Zorn steigt auf seinen Sessel, stützt sich auf Pilet, der Wucht nacheilen wollte.

ZORN Der Fall ist deutlich, die letzte Gewißheit gegeben. Betrachten wir unseren bewunderten liebsten Freund Alfredo! Unseren Vater von vier Kinderchen. Diesem Gangster von Chef war er also ausgeliefert – *Zeigt auf Wucht.* Fredi hatte sich zwar verbessert, er verdiente gut, im Gegensatz zu seinem Marxistenvater. Aber der Wohlstand stieg im Land. Wer wollte da nicht mittun? Wer ruht schon auf dem Aste aus, der endlich erklettert ist, wenn sich über ihm, dem Wipfel zu, weitere Äste mit noch besseren Früchten zeigen? *Hebt Pilets Melone in die Höhe.*

Traps auf seinem Platz sitzend strahlt.

TRAPS Ganz genau so war es, Isi. Ganz genau so.

ZORN Das war leichter beschlossen als getan.

TRAPS Sehr richtig.

ZORN Da mußte aufs Ganze gegangen werden. *Setzt Pilet wieder die Melone auf.*

TRAPS Und wie!

ZORN Fredi-Boy ging zuerst geschäftlich vor, auch hier nicht ganz fair, wie er selber zugibt. Wir können uns ungefähr ein Bild machen, wie: Fredilein setzte sich heimlich mit den Lieferanten seines Chefs in Verbindung, versprach bessere Bedingungen – *Spricht Pilet zuerst ins eine, dann ins andere Ohr* – unterredete sich mit anderen Textilreisenden. Doch dann kam er auf die Idee, noch einen anderen Weg einzuschlagen.

TRAPS *staunt* Noch einen anderen?

Unter dem Tisch ist Kummer sichtbar geworden; er notiert.

ZORN Dieser Weg, meine Herren, führte über das Kanapee in der Wohnung Gygaxens direkt in dessen Ehebett.

Kummer murmelt etwas Unverständliches. Wucht säuft gewaltig. Pilet geht hinter dessen Sessel und versucht, Wein zu erhaschen.

TRAPS Wirklich, das war ein raffinierter Streich, den ich dem alten Gangster spielte. Merkwürdig! Ich fühle mich verstanden und beginne, auch mich zu verstehen. *Trinkt.* Einfach großartig dieser Nachgeschmack.

ZORN Wir stellen mit Vergnügen fest, daß unserem

Freunde ein Lichtchen aufgeht. Helfen wir weiter, damit es taghell werde. *Steigt vom Sessel, tritt hinter Simone. Er begann mit Frau Gygax ein Verhältnis.*

PILET Aiaiaiaiai!

ZORN Wie kam es dazu? Fredi-Boy wollte zu seinem Chef zu einer geschäftlichen Besprechung. Vielleicht war es spät abends, vielleicht im Winter, so um sechs herum.

TRAPS Um sieben, Isilein, um sieben!

ZORN Um sieben.

PILET Fein.

ZORN Er fährt mit dem Citroën über die glitschigen Straßen ins Villenviertel – *Nimmt Simones Kopf als Steuer.*

TRAPS Ja, ja, im Villenviertel!

ZORN Er geht durch den dunklen Park, läutet, Frau Gygax öffnet –

Zorn spricht Simone lautlos vor.

SIMONE Mein Mann ist heute nicht zu Hause.

Zorn spricht Simone wieder lautlos vor.

SIMONE Auch Dienstmädchen – ausgegangen.

ZORN Sie ist im Abendkleid, oder noch besser: im Bademantel, trotzdem solle doch Traps einen Aperitif nehmen, sie lade ihn herzlich ein, und so sitzen sie im Salon beieinander. *Setzt sich neben Simone.*

PILET Fein.

TRAPS Wie du das alles weißt, Isilein!

ZORN Übung. Die Schicksale spielen sich immer gleich ab. Es ist nicht einmal eine Verführung. Es ist eine

Gelegenheit, die beide ausnützen. Sie ist allein und langweilt sich, denkt an nichts Besonderes und ist froh, mit jemandem zu sprechen, die Wohnung angenehm warm, und unter dem Bademantel mit den bunten Blumen trägt sie nur das Nachthemd. *Faßt Simone an den Hals.*

SIMONE Familienschmuck! *Schlägt ihm auf die Hand.*

PILET Aiaiai!

TRAPS Ganz nackt ist Käthi darunter gewesen, splitternackt.

PILET Fein.

ZORN Und wie Traps neben ihr sitzt und ihren weißen Hals sieht, den Ansatz ihrer Brust –

PILET Aiaiaiaiai!

ZORN – und wie sie plaudert, da begreift er, daß er hier ansetzen muß, und nachdem er angesetzt hat –

PILET Fein.

ZORN *erhebt sich, geht zu Wucht* – erfährt er alles: wie bedenklich es um Gygaxens Gesundheit steht, wie jede große Aufregung ihn töten kann, wie gleichgültig ihm seine Frau ist und wie felsenfest er an ihre Treue glaubt. Denn von einer Frau, die sich an ihrem Mann rächen will, erfährt man alles.

SIMONE Justine versetzte alle meine Edelsteine.

ZORN Und so fährt er fort mit dem Verhältnis, denn nun ist es seine Absicht, denn nun geht es ihm darum, seinen Chef mit allen Mitteln zu ruinieren, und so kommt denn der Augenblick, wo er alles in der Hand hat: Geschäftspartner, Lieferanten, die mollige nackte Frau in den Nächten.

PILET Aiaiaiaiai!

ZORN Und er zieht die Schlinge zu, beschwört den Skan-

dal herauf. Absichtlich. Auch darüber sind wir nun
schon im Bilde. Wenig später finden wir unseren Don-
nerkerl von einem Fredi in einem Restaurant, sagen
wir, in einer Weinstube der Altstadt.

TRAPS Im Rathauskeller, Isilein!

ZORN Im Rathauskeller, wie wir nun korrigieren müssen.
An den Wänden die Bilder der toten Stammgäste.
Zeigt auf die Masken an der Wand. Und neben Traps
sitzt an einem Tisch mit zwei Gläsern und einer guten
Flasche – man läßt sich's was kosten – der saubere
Geschäftsfreund – *Zeigt auf Traps* – bleich und fett,
wie das Opfer, auf das nun gezielt wird. *Zeigt auf
Wucht.* Der saubere Geschäftsfreund ist über die Einladung verwundert, schweigt, Traps schwatzt, trinkt,
tut, als sei er betrunken, rühmt sich, mit Frau Gygax
ein Verhältnis zu haben, und der saubere Geschäftsfreund eilt, Stunden später –

Er geht zu Wucht. Traps, wie hypnotisiert, ihm nach.

ZORN – wie es unser Alfredo vorausgesehen hat, zum
Chef und klärt den Bedauernswerten auf.

TRAPS So ein Heuchler!

ZORN Noch kann der alte Gangster heimfahren – *Wankt
vor dem Tisch nach links zurück, gefolgt von Traps –*
wuterfüllt, schon im Wagen Schweißausbruch, Schmerzen, die er noch für Sodbrennen hält, die schon den
linken Arm erfassen, die linke Hand wird gefühllos –

PILET Fein.

ZORN Polizisten, die ärgerlich pfeifen, Verkehrszeichen,
die übersehen werden, mühsamer Gang von der
Garage zur Haustüre, Zusammenbruch, noch im Kor-

ridor vielleicht – *Bricht vor Simone zusammen* – während ihm die Gattin entgegentritt, lächelnd womöglich, herzlich.

PILET Aiaiaiaiai!

ZORN Das schmucke, leckere Frauenzimmerchen.

SIMONE Fräulein Simone von Fuhr.

ZORN *erhebt sich wieder* Es geht schnell, der Arzt gibt noch eine Spritze, ein Röcheln, Exitus, Aufschluchzen der Gattin. Traps, zu Hause im Kreise seiner Lieben, nimmt das Telefon ab, Bestürzung, innerer Jubel, Es-ist-erreicht-Stimmung, drei Monate später: Jaguar!

Gelächter.

SIMONE Lohn – Lohn bekomme ich hier auch nicht. *Geht entrüstet vor dem Tisch nach rechts hinten mit Karaffe ab.*

Gelächter.

TRAPS Was Mitreißenderes als die Rede meines lieben Isi habe ich noch gar nicht erlebt. Im wesentlichen ist dazu bloß zu bemerken –

Justine von hinten links, in einem gewagten roten Abendkleid, sie hört zu, von den anderen unbemerkt.

TRAPS – daß mich Frau Gygax nicht in einem Bademantel empfing, sondern in einem freilich weit ausgeschnittenen Kimono, so daß ihre herzliche Einladung auch bildlich gemeint war.

Gelächter.

TRAPS Auch traf der verdiente Infarkt den Obergangster nicht im Hause, sondern anderswo, doch das ist unwesentlich, denn was mein prächtiger Busenfreund und Staatsanwalt erläutert, stimmt genau: Ich ließ mich mit Frau Gygax nur ein, um den alten Gauner zu ruinieren.

PILET Aiaiaiaiai!

TRAPS *beugt sich über den Tisch* Ja, ich erinnere mich deutlich, wie ich in dessen Bett über dessen Gattin auf dessen Foto starrte, auf dieses unsympathische dicke Gesicht mit der Hornbrille vor den glotzenden Augen, und wie ich auf einmal ahnte: mit dem, was ich nun so lustig und eifrig trieb, würde ich meinem Chef kaltblütig den Garaus machen.

PILET Fein.

ZORN *klettert auf den Tisch, steigt über Traps, schwenkt die Serviette* Somit komme ich zum Strafantrag. Freund Alfredo handelte nicht dolo indirecto, als wäre der Tod nur zufällig erfolgt, sondern dolo malo, mit böswilligem Vorsatz, worauf ja schon die Tatsachen weisen, daß er einerseits selber den Skandal provozierte, anderseits nach dem Tode des Obergangsters dessen leckeres Frauchen nicht mehr besuchte, woraus zwangsläufig folgt, daß die Gattin nur ein Werkzeug für seine blutrünstigen Pläne gewesen ist, die galante Mordwaffe, daß somit ein Mord vorliegt, weshalb ich denn als Staatsanwalt das Vergnügen habe – und damit schließe ich meine Würdigung ab –, vom Hohen Richter die Todesstrafe für Alfredo Traps zu fordern, als Belohnung für ein Verbrechen, das Bewunderung, Staunen, Respekt verdient und ein Anrecht darauf hat, als eines der außergewöhnlichsten des Jahrhunderts zu gelten.

TRAPS *erhebt sich gerührt, klettert ebenfalls auf den Tisch* Mein lieber Freund, mein lieber Isi. Dein Antrag ehrt mich, er erfüllt mich mit Entzücken, mehr noch, er erfüllt mich mit Begeisterung, mit Stolz.

Justine links hinten ab. Traps umarmt Zorn. Kummer taucht wieder auf.

KUMMER Da haben wir das Unglück! Wieder einmal ein Angeklagter in einen allzu begreiflichen Größenwahn getrieben, in den Größenwahn des Jahrhunderts: schuldig zu sein.

ZORN Mir fehlt noch ein Basler Täubchen.

KUMMER Nein, nein!

WUCHT Isi, mit deinen ewigen Briefmarken –

SIMONE *kommt* Eine Magnum, Château Margaux, premier grand cru classé Margaux, mis en bouteilles au château 1891.

Kummer und Zorn klettern vom Tisch.
Simone schenkt ein.

ZORN Nummer sieben.

WUCHT Bismarck wurde entlassen.

KUMMER Brahms komponierte das Klarinettenquintett opus 115.

ZORN In Japan bebte die Erde.

PILET 7500 Tote.

TRAPS Der Jahrgang meines Vaters.

WUCHT Riechen.

Sie riechen.

ALLE Oh!
WUCHT Kosten.

Sie kosten.
Pilet will etwas sagen.

DIE ANDEREN Zapfen!
PILET *schreit wütend* Zapfen!
DIE ANDEREN Reingefallen.

Gelächter.

WUCHT Trinken.

Sie trinken.

WUCHT Der Verteidiger hat das Wort.

Kummer erhebt sich.

KUMMER Meine lieben Freunde, sehr verehrter Fredi – Sie
    erlauben doch, Herr Traps, daß ich Sie so nenne? Mich
    nennt man Jack.
WUCHT Mich Abi.
PILET Mich Rolli.
WUCHT Duzen wir uns alle, mein flotter wunderbarer
    Fredi-Verbrecher.
TRAPS Abi, Isi, Jack, Rolli – Fredi. Duzen wir uns.

Allgemeine Umarmung.

WUCHT Auf das Wohl Fredis.

DIE VIER Auf sein Wohl!

TRAPS Meine Lieben. Jetzt beginne ich wirklich zu weinen.

Kummer löst sich von den anderen.

KUMMER Meine lieben Freunde, mein liebster Oberböse-wicht Fredi. Ich hörte mit Vergnügen der erfindungs-reichen Rede zu, die unser Staatsanwalt eben hielt.

Traps schneuzt sich.

KUMMER *schüttelt den Kopf* Wie immer war sie eine arti-stische Gipfelleistung in der Kunst, ein Märchen zu erzählen. Dichte ich in meinen Mußestunden, dichtet er in seinem Beruf. Gewiß, der alte Boss Gygax ist tot.

ZORN Gügax.

KUMMER *wird unwillig* Gigax ist tot. Mein Klient hatte schwer unter ihm zu leiden, steigerte sich auch in eine wahre Animosität gegen ihn hinein, versuchte, ihn zu stürzen, zugegeben, wo kommt das nicht vor. Phanta-stisch nur, aufgrund dieser Tatsachen den Tod des herzkranken Textilgenies als Mord hinzustellen, als wolle einer aus Nebelfetzen einen handfesten Rock zusammenweben. *Klatscht in die Hände.*

TRAPS Aber ich habe doch gemordet.

KUMMER Glaubst du, mein lieber Fredi, glaubst du. Aber einige Fragen wirst du mir doch beantworten, hoffe ich wenigstens.

TRAPS Natürlich, Jack, selbstverständlich.

Kummer nimmt die Karaffe zu sich, geht nach links.

KUMMER Wie sehr wir auch die Perfektion bewundern, mit der du den alten Obergangster Gigax –

ZORN Gü.

KUMMER – unter den Rasen brachtest, mein heißverehrter Obermörder, so sehr betrübt mich doch eine gewisse Herzensroheit, die dein Charakterbild auszeichnet. *Schenkt Pilet und Zorn ein, die auf den beiden Sesseln links vom Tisch sitzen*

TRAPS Nur geschäftlich, mein lieber Verteidiger, persönlich tue ich keiner Fliege was zuleide.

KUMMER Trotzdem, trotzdem. Daß du dieses so überaus leckere Frauenzimmer, wie du es beschrieben hast, diese arme Frau Gigax –

ZORN Gü.

KUMMER – die doch deine Mordwaffe war, daß du die arme Käthi nicht mehr besuchst, schmerzt mich, kann ich dir den Mord an der Geschäftsbestie Gigax –

ZORN Gü.

KUMMER – Gigax noch zutrauen, diese Herzensroheit – nein. Nie. Nimmer.

TRAPS Aber Jack, das brauchst du mir auch nicht zuzutrauen: Käthi weiß sich ganz schön zu trösten.

Von rechts hinten erscheint von allen unbemerkt Justine.

KUMMER Ach, mit wem denn?

TRAPS Mit meinem Kollegen.

KUMMER Doch nicht etwa mit dem fetten sauberen Geschäftsfreund, dem du dein Abenteuer mit Käthi erzähltest, damit der seinerseits Gigax –

ZORN Gü –

KUMMER – Gigax davon berichte?

TRAPS Aber natürlich, Jack. Nur fett ist er gerade nicht, vielmehr eine wahre Sportskanone.

KUMMER Ach so. Ein Sportler also. Erstaunlich, was unser verehrter Staatsanwalt da wieder zusammendichtete. Und mit diesem Gentleman des Sports treibt's nun unsere flotte Käthi?

TRAPS Schon längst.

KUMMER Schon längst? Das will doch nicht etwa heißen: auch schon, bevor du mit Käthi –

ZORN *springt auf* Protestiere.

KUMMER Warum denn, lieber Staatsanwalt? Warum denn? Es ist doch ganz interessant, was da zum Vorschein kommt.

WUCHT *springt auf* Protest abgelehnt. *Setzt sich nun auf Kummers Sessel.*

KUMMER Also, lieber Fredi, klär uns mal auf, wir sind nicht mehr so recht im Bilde.

TRAPS Ganz einfach, Jack: Ich betrog damals nicht nur den alten Gygax, sondern auch die Sportskanone. Aber ich entschuldigte mich nachher bei ihm korrekt. *Lacht.* Bei den andern freilich, mit denen Käthi herumschlief, konnte ich mich nicht entschuldigen. Ich hätte sonst heute noch geschwollene Hände.

KUMMER Wir staunen, lieber Freund. Diese Käthi muß eine wahre Mänade gewesen sein.

TRAPS Ist sie noch!

KUMMER Und Gigax –

ZORN Gü.

KUMMER – hat vom mänadischen Lebenswandel seiner Frau nichts geahnt?

TRAPS Dem alten Gauner war das egal. Der hatte mit meiner Frau genug.

ZORN *springt auf* Mit – mit deiner Frau?

Kummer setzt sich resigniert auf Wuchts Sessel.

TRAPS Na ja, ehrlich gesagt –
ZORN Also hast du aus Rache –
TRAPS Aber wieso denn? Meine Frau kann doch schlafen,
mit wem sie will. Ich schlafe schließlich auch, mit wem
ich will. *Bricht in Gelächter aus.* Abi, Isi, Rolli, Jack,
was macht ihr denn für lange Gesichter?

Justine links hinten ab.

TRAPS In welchem Jahrhundert lebt ihr denn, ihr alten
Knaben? Habt ihr noch nie von der sexuellen Befrei-
ung gehört? So ein Unsinn, diese arme Frau – Frau –
DIE ANDEREN Emma Pracht.
TRAPS – Frau Emma Pracht zu zehn Jahren Zuchthaus zu
verdonnern, nur weil sie für den Ehebruch eintritt.
Klettert auf den Sessel, gibt dem Lüster einen Stoß. Es
lebe der Ehebruch, es lebe der Beischlaf! Mit einer
Frau zu bumsen, meine Freunde, ob sie nun verheiratet ist oder nicht, ist nicht mehr als – na ja, nicht mehr
als der Genuß eines guten Tropfens edlen Rebensafts.
DIE ANDEREN Hoho!
TRAPS Wenn freilich auch die beste Frau nicht an die
wundervollen Weine herankommt, die ich hier im
trauten Freundeskreis genieße.

Wucht, Zorn und Kummer stehen rechts beisammen.

WUCHT Na ja, Alfredo, je nun. Was soll ich zu deinem
Fall sagen?

ZORN Verdammt. Ein Scherbenhaufen das Ganze.

KUMMER Der Goldjunge ist für einen Verteidiger nahezu ein Idealfall.

PILET Unfein.

WUCHT Du machst es deinem Freunde, dem Staatsanwalt, schwer, lieber Alfredo. Herr Verteidiger, plädieren Sie endlich. Meine Herren, setzen wir uns.

Alle setzen sich wieder.

KUMMER Hohes Gericht. *Blättert lange im Notizbuch, wirft es dann fort.* Machen wir uns nichts vor: Nicht nur aufgrund seiner eigenen Aussagen ist der Angeklagte freizusprechen – man braucht ihn nur zu betrachten, um seine Harmlosigkeit zu erkennen.

TRAPS Ich bin ein Mörder. Ich bin ein Mörder.

KUMMER Er genießt es, in unserer Gesellschaft geliebt, gewürdigt, verehrt zu werden, bewundert auch ein wenig dank seinem roten Jaguar, so daß der Gedanke, einen perfekten Mord begangen zu haben, ihm zu gefallen beginnt, schwer von all den Bordeaux', so daß es denn nur zu natürlich ist, wenn er sich wehrt, sein Verbrechen wieder in etwas Gewöhnliches, Alltägliches zurückverwandelt zu sehen, in ein Ereignis, das nun das Leben eben so mit sich bringt.

TRAPS *trommelt mit den Fäusten auf den Tisch* Ich bin der außergewöhnlichste Verbrecher des Jahrhunderts.

KUMMER Unser guter Traps ist ein Beispiel für viele. Wenn ich ihn als zur Schuld unfähig bezeichnen möchte, so will ich damit nicht behaupten, daß er schuldlos ist. Im Gegenteil: Er ist verstrickt in alle möglichen Arten von Schuld, er ehebrüchelt, schwin-

delt, gaunert sich durchs Leben, aber nicht etwa so,
daß sein Leben nur aus Ehebruch, Schwindel und
Gaunerei bestünde. Nein, es hat auch seine guten
Seiten, durchaus, seine Tugenden: Er ist ein Ehrenmann, nimmt man alles in allem, aber er ist von
Unkorrektem, von Rücksichtslosem, von Gedanken-
losem wie angesäuert, wie das eben bei jedem Durchschnittsleben der Fall ist, auch beim unsrigen. Zugegeben, der Volksmund nannte uns die Unbestechlichen,
als wir noch im Amte waren. Aber war diese Unbe-
stechlichkeit angesichts gewisser Kapitalien und
Machtkonzentrationen immer möglich? Hand aufs
Herz. *Geht zu Zorn.* Hätte sich unser verehrter Staatsanwalt seine gigantische Briefmarkensammlung mit
dem weltberühmten Mauritius-Block leisten können,
wenn er sich nicht hätte bisweilen durch meine finan-
zielle Beihilfe überreden lassen, diese oder jene
Anklage fallenzulassen?

Wucht lacht.

KUMMER *weist auf Wucht* Ganz zu schweigen davon, was
unserem lieben Richter Wucht seine oft bis an die
Grenze des Erträglichen gehenden Freisprüche ein-
brachten. Ich weiß, ich weiß. Ein Vermögen, lieber
Freund, ein Vermögen. Wie und warum du deinen
märchenhaften Weinkeller einzuheimsen vermochtest,
darüber, liebe Freunde, wollen wir, die ihn genießen,
schweigen.

*Wucht geht beleidigt mit Karaffe und Pokal nach rechts
hinten ab.*

KUMMER Es lebe meine süße Justine.

ZORN Meine süße Justine.

KUMMER Wieso?

PILET Unsere süße Justine.

ZORN Unsere süße Justine.

KUMMER Einverstanden. Unsere süße Justine. Seien wir Gentlemans, meine Herren. Und was mich betrifft, na ja, ich bin Junggeselle, und als jahrzehntelanger Anwalt der obersten zwei, drei Weltkonzerne legt man sich ein noch hübscheres Sümmchen auf die Seite, meine Lieben. Schwamm drüber. *Setzt Zorn Pilets Melone auf.* Doch gerade darum ist unser famoser Möchte-gern-Mörder Traps zum großen, reinen, stolzen Verbrechen ebenso unfähig wie wir alle, und aus diesem Mangel heraus träumt er nun, es begangen zu haben, genauso – verzeiht mir diesen Vergleich – wie wir aus unserem Mangel heraus das gerechte Gericht, das wir einst nicht waren, jetzt spielen.

Traps wird immer verzweifelter.

TRAPS Umgekehrt, Jack. Vorher träumte ich, unschuldig zu sein. Jetzt – jetzt bin ich wach geworden und sehe, daß ich schuldig bin. Schuldig. Schuldig.

KUMMER Betrachten wir den Fall Gigax –

ZORN Gü.

KUMMER – nüchtern, objektiv, ohne den Mystifikationen unseres Berufsdichters von einem Staatsanwalt zu erliegen, kommen wir zum Resultat, daß der alte Hanswurst sich seinen Tod selber zu verdanken hat, seinem unordentlichen Leben, seiner Konstitution, und so will ich denn meinem hochverehrten Klienten eine letzte Frage stellen: *Setzt sich auf die Lehne seines Sessels.* Wie war das Wetter an jenem Abend, als Gigax –

ZORN Gü.

KUMMER – als Gigax starb?

TRAPS Das Wetter?

KUMMER Das Wetter.

TRAPS Föhnsturm, Herr Verteidiger. Viele Bäume wurden entwurzelt.

KUMMER Sehr schön. Und der so raffiniert herbeigeführte Zusammenbruch des raffinierten Schlawiners sei nicht in dessen Hause erfolgt, mein lieber Alfredo, wie der Staatsanwalt behauptete, sondern anderswo, wie du ihn korrigiertest. Wo denn?

TRAPS Bei – bei meiner Frau.

Schweigen.

TRAPS Na ja – in meinem Ehebett. Aber das tut wirklich nichts zur Sache.

KUMMER Wirklich nichts? Und wo befandest du dich denn, mein edler Freund?

ZORN *springt auf* Ich protestiere.

TRAPS Muß ich antworten?

WUCHT *schreit von rechts hinten aus dem Unsichtbaren* Aber nein.

KUMMER Schön. Ich ziehe die Frage zurück.

TRAPS Aber ich will antworten! Im Bett des Blutsaugers Gygax.

PILET Fein.

TRAPS So, nun verteidige mich mal schön!

Stille.
Zorn springt auf.

ZORN Mein Gott. Mein Gott, deine Bekennerwut grenzt ans Unwahrscheinliche, Fredi-Boy. *Setzt die Melone wieder Pilet auf.*

KUMMER Bleiben wir ruhig beim Föhnsturm. Damit dürfte wohl auch der äußere Anlaß gegeben sein, der zu Gigaxens –

ZORN Gü.

KUMMER – Tode führte, häufen sich doch erfahrungsgemäß bei starkem Föhn die Herzinfarkte, Kollapse, Embolien, besonders bei und nach gewissen körperlichen Anstrengungen, auf die näher einzugehen ich mir ersparen möchte.

Von rechts hinten kommen Wucht und Simone. Wucht trägt sorgfältig seinen Pokal, Simone eine Karaffe, schenkt ein.

SIMONE Eine Magnum, Château Ausone, premier grand cru classé, Saint–Emilion, mis en bouteilles au château 1879.

ALLE 1879.

Simone mit der alten Karaffe rechts hinten ab.

WUCHT Riechen.

Sie riechen.

ALLE Hm. Hundert Jahre!

WUCHT Kosten.

Sie kosten.

PILET Fein.

ZORN Nummer acht. Urnebel bilden sich.

KUMMER Sonnen blähen sich.

WUCHT Erdbälle formen sich.

PILET Galgen häufen sich.

TRAPS Ich bin schuldig.

PILET Fein.

WUCHT Trinken.

ZORN Ich sinke zurück ins Urdunkel. *Taucht mit dem Pokal unter den Tisch.*

KUMMER Ich klettere hinauf ins Urlicht. *Klettert mühsam auf den Tisch, bleibt darauf sitzen.*

TRAPS *schreit auf* Ich erwarte das Todesurteil.

PILET Ich vollstrecke es.

Traps setzt sich neben Pilet, setzt dessen Melone auf.

KUMMER Hier irrt der Angeklagte, Hohes Gericht, hier irrt er, trunken vom hundertjährigen Bouquet dieses Weines, mit dessen letzter Magnum wir uns vermählen. Es handelt sich um einen bloßen Unglücksfall. Natürlich ging mein Klient rücksichtslos vor, doch er ist den Gesetzen des Geschäftslebens unterworfen. Natürlich wollte er oft seinen Chef töten. Was denken wir nicht alles, was tun wir nicht alles in Gedanken. Eine Tat außerhalb dieses Wunschdenkens aber ist nicht vorhanden, ist nicht feststellbar.

Traps wankt betrunken zu Wucht.

KUMMER Denn schon die Annahme, daß der Angeklagte durch eine Mitteilung über den Beischlaf mit der mannstollen Käthi Gigax ärgern wollte, ist lächerlich. Gigax –

ZORN *unsichtbar unter dem Tisch* Gü.

KUMMER – Gigax schlief ja selber mit Trapsens Frau. Und wenn unser famoser Staatsanwalt unserem guten Traps einen Strick – *Greift nach unten und schüttelt Zorn die Hand* – ja, ich muß schon sagen, einen Henkerstrick – zu drehen versucht, weil dieser nicht mehr zur Witwe geht, so wundere ich mich nun wirklich. Als ob dies nicht das Natürlichste der Welt wäre. Unter Kaninchen, Hohes Gericht, gibt es keine Liebe. Es ist absurd, meinen Klienten irgendwie mit dem Tode Gigaxens –

ZORN Gü.

KUMMER *schlägt auf den Tisch* – Gigaxens in Zusammenhang zu bringen, noch absurder, wenn er sich nun einbildet, einen Mord begangen zu haben. Er hätte gleichsam zu einer Autopanne noch eine zweite, eine geistige Panne erlitten. Und somit beantrage ich für Alfredo Traps – *Spricht in die leere Karaffe* – den Freispruch. *Streckt sich auf dem Tisch aus, schläft ein.*

TRAPS Hohes Gericht, ich habe eine Erklärung abzugeben.

WUCHT Der Angeklagte hat das Wort.

Traps erhebt sich, klettert auch auf den Tisch, schwankt hin und her, hält sich am Lüster fest, der ebenfalls hin und her schwankt.

TRAPS Ich vernahm die ungeheuerliche Rede meines Verteidigers mit Entrüstung, die des Staatsanwalts mit tiefster Erschütterung. Zur Rede des Verteidigers möchte ich mich nicht äußern. Auf maßlose Verleumdungen einzugehen – auch wenn sie von einem Mann aufgestellt werden, Herr Doktor Kummer –

KUMMER Hier!

TRAPS – der sich doch als mein Freund ausgab und den ich als meinen Freund betrachtete –, über so viele Taktlosigkeiten, meine Herren, ein Wort zu verlieren liegt unter meiner Würde.

Von rechts hinten Simone.

TRAPS Mehr habe ich nicht zu sagen. Ich bitte das Gericht um sein Urteil. *Wankt vom Tisch aus direkt auf den Sessel neben Pilet, setzt sich.*

WUCHT Simone, rufe Justine.

SIMONE Jawohl, Herr Wucht. *Geht nach links, setzt die Melone von Trapsens auf Pilets Kopf.*

WUCHT Und dann bringe Nummer neun und den hundertjährigen Kognak.

SIMONE Jawohl, Herr Wucht. *Verschwindet nach hinten rechts.*

ZORN *hat sich erhoben, neigt sich über Kummer* Gügax.

KUMMER Gi.

WUCHT Mein lieber Alfredo Traps. Das Urteil über deinen Prozeß zu fällen ist nicht leicht. Zwar schlossest du dich der Ansicht das Staatsanwalts an, doch liegt in deinem Geständnis so viel Widersprüchliches, daß wir das Urteil zu überdenken haben. Darf ich Herrn Dr. Kummer bitten, vorsichtig vom Tisch zu klettern, damit ja nichts vom hundertjährigen –

Zorn und Pilet helfen Kummer.

KUMMER Sorgfältig. Langsam. Vorsichtig.
TRAPS Kein Tropfen darf verschüttet werden. Kein Tropfen.

Von hinten links kommt Justine in ihrem feuerroten Abendkleid, streicht, wie sie an Traps vorbeigeht, diesem leicht über die Schultern, geht zu Wucht.

JUSTINE Großväterchen.
WUCHT Geh mit Herrn Traps etwas in den Garten, mein Kindchen.
JUSTINE Kommen Sie, Herr Traps.
TRAPS Bitte. Sicher. Mir eine Ehre.

Er geht mit Justine in den Garten.
Zwischenvorhang fällt.
Justine und Traps draußen allein.
Blasmusik.
Die grüne Bank wird rechts hereingeschoben. Traps gibt seine Jacke einem Bühnenarbeiter.

JUSTINE Nervös.
TRAPS So kurz vor dem Urteil.
JUSTINE Eine phantastische Nacht.
TRAPS Im Dorf blasen sie immer noch.
JUSTINE Immer noch Mozart.
TRAPS Immer noch Kö – Kö –
JUSTINE Köchel.
TRAPS Scheißmozart.
JUSTINE Nur die Planeten sind noch zu sehen.
TRAPS Jetzt riecht es doch etwas nach Öl.
JUSTINE Jupiter, Mars, Saturn, Venus.

TRAPS Auch der Rechtsanwalt sprach von den Sternen.

JUSTINE Ich liebe die Sterne und ich liebe die Musik.

TRAPS Nachher ließ er mich gottsjämmerlich im Stich.

JUSTINE Männer ließen mich bisher immer gottsjämmerlich im Stich. Zum Swimming-pool!

TRAPS *reicht ihr den Arm* Mit Umwälzpumpe.

Sie gehen nach rechts, setzen sich auf die Bank.

TRAPS Hatten Sie einmal etwas mit Pilet?

JUSTINE Er ist jetzt 86.

TRAPS Mit Kummer?

JUSTINE Er ist jetzt 87.

TRAPS Mit Zorn?

JUSTINE Heute soll man auch den Merkur sehen können.

TRAPS Ich meine früher.

JUSTINE Ich liebe Männer. *Legt ihren Kopf auf seine linke Schulter.*

Stille.
Traps ist ernüchtert.

TRAPS Sie blasen und blasen.

JUSTINE Hatten Sie wirklich etwas mit Frau Gygax?

TRAPS Die stinkfeine Dame behandelte mich wie einen Hund.

JUSTINE Und Ihre Frau?

TRAPS Er konnte jede Frau haben, die er haben wollte.

Stille.
Traps ist trostlos.

JUSTINE Ein geheimnisvoller Morgen bricht an.

TRAPS Der Gemeindepräsident will und will nicht sterben.

JUSTINE Darf ich meinen Kopf an deine Schulter lehnen?

TRAPS Frau von Fuhr – *Er wird stolz.*

JUSTINE Justine.

TRAPS Justine. *Wenigstens die liebt ihn.*

JUSTINE Du.

TRAPS Du – Ich bin ein Schwerverbrecher.

JUSTINE Ich weiß.

TRAPS Ich beging den außergewöhnlichsten Mord des Jahrhunderts.

JUSTINE Ich weiß.

TRAPS Es graut dir nicht vor mir! *Er strahlt.*

JUSTINE Alfredo.

TRAPS Justine.

JUSTINE Mein Mann war nicht blutjung.

TRAPS Zweiundachtzig.

JUSTINE Er – erschoß sich nicht.

TRAPS Er schlief in der Hochzeitsnacht.

JUSTINE Seine blonde Perücke ging in Flammen auf.

TRAPS Lichterloh.

JUSTINE Ich setzte sie in Brand.

TRAPS Mit einer Zigarette.

JUSTINE Mit einer Simon Arzt.

TRAPS 5 Franken 60 die Schachtel.

JUSTINE Ich wollte die Perücke eigentlich nicht anzünden.

TRAPS Die Versuchung war zu groß.

JUSTINE Ich wollte Großväterchen nur eine Freude bereiten.

TRAPS Du bist schuldig geworden.

JUSTINE Wir sind beide Mörder.

TRAPS Wir sind einander ebenbürtig.

JUSTINE Bist du glücklich.

TRAPS Ich bin glücklich. *Stutzt, geht nach links.* Hörst du?

JUSTINE Was denn?

TRAPS Ein Schrei!

JUSTINE Der Bankier Knall.

TRAPS Auch hier?

JUSTINE Er unterschlug fünfhundert Millionen.

TRAPS Fünfhundert.

JUSTINE Großväterchen verurteilte ihn gestern zu lebenslänglichem Zuchthaus.

TRAPS Lebenslänglich.

JUSTINE Nebensächlich.

TRAPS Der Bankier von meiner Bank.

JUSTINE Unwesentlich.

TRAPS Ich habe mein Konto bei ihm.

JUSTINE Vergiß es. Deine Schuld und meine Schuld sind wesentlich, nicht dein Konto.

TRAPS 462 413 Franken 15. Hops.

JUSTINE Eine Fledermaus.

TRAPS Justine –

JUSTINE Alfredo?

TRAPS *geht zu ihr zurück, setzt sich, leidenschaftlich* Ich fürchte mich.

JUSTINE Wovor?

TRAPS Daß – daß man mich freispricht.

JUSTINE Noch eine Fledermaus.

TRAPS Der Verteidiger behauptete Fürchterliches von mir.

JUSTINE Sie flattern so schön. – Ein Hahnenschrei.

TRAPS Er sagte, ich sei unschuldig.

JUSTINE Niemand ist unschuldig.

TRAPS *sinkt in ihre Arme* Ich glaube dir, Justine. Ich glaube, daß ich ein Mörder bin. Ich wußte es nicht, als ich dieses Haus betrat, nun weiß ich es. Ich war zu feige, ehrlich zu sein, nun habe ich den Mut dazu. Ich bin schuldig. Ich erkenne es mit Entsetzen, mit Staunen, mit Entzücken. Die Schuld ist in mir aufgegangen wie – *Starrt nach vorne* – wie dieser kleine Stern, der plötzlich in der Morgendämmerung funkelt.

Justine blickt begeistert nach dem Stern.
Pilet erscheint von links vorne mit Trapsens Jacke.

JUSTINE Der Merkur! Alfredo, wir sehen beide den Merkur.

PILET Fein.

TRAPS Der Merkur.

JUSTINE Eine kleine funkelnde Flamme!

TRAPS Wieder ein Hahnenschrei.

PILET Reinkommen.

Hinter dem Zwischenvorhang wird der brennende Lüster sichtbar.

JUSTINE Der Morgen steigt herauf.

TRAPS Der dritte Hahnenschrei.

JUSTINE Ein neuer Tag bricht an.

TRAPS Der Tag des Gerichts.

JUSTINE Gehen wir wieder ins Haus.

Sie erheben sich, gehen gegen die Mitte.

JUSTINE Alfredo.

TRAPS Justine.

JUSTINE Ich erwarte dich nach dem Urteil.

TRAPS Nur als Mörder bin ich deiner würdig, Justine.

Sie küssen sich.
Zwischenvorhang auf.
Musik aus.
Auf dem Podest Halblicht.
Der Tisch ist umgestürzt, bildet eine Art Schranke schräg zur Rampe, über ihm ein schwarzer Teppich, unter diesem das weiße Tischtuch. Vor der Schranke ein Sessel.
Hinter der Schranke von links nach rechts: Zorn, Wucht, Kummer, jeder mit seinem Pokal. Sie sind alle drei in einem roten Talar mit roter Mütze.
Im Hintergrund links Simone mit einer uralten riesigen Kognakflasche.
Justine geht zu Simone, steht links von ihr.

PILET *hilft vor dem Podest Traps in die Jacke* Fein. *Gibt ihm den Arm, führt Traps aufs Podest, stellt sich dann neben Justine.*

WUCHT Alfredo Traps, nehmen Sie Platz.

Traps setzt sich. Licht hell.

WUCHT Reich ihm seinen Pokal, Justine.

Zorn reicht Justine einen Pokal, den sie Traps gibt, beim Zurückgehen reicht ihr Zorn einen weiteren Pokal. Zorn, Kummer und Wucht nehmen ihren Richterhut ab.

WUCHT Lieber Alfredo Traps, du befindest dich vor

einem Privatgericht. Es ist daher in diesem feierlichen Moment meine Pflicht, an dich die Frage zu richten, ob du unser Urteil auch anerkennst.

TRAPS Ich erkenne dieses Urteil an, Hohes Gericht.

Die drei Richter stehen auf, ebenso Traps.

WUCHT Ich erhebe meinen Pokal, gefüllt mit einem hundertjährigen Kognak, den wir dem ›reste belge‹ des Château Lafite, premier grand cru classé, Pauillac 1875, mis en bouteilles au château, beigaben. Riechen.

PILET Fein.

WUCHT Trinken.

KUMMER Der Engel mit Säulen von Beinen schreitet heran.

ZORN Vier Reiter auf farbigen Rossen springen dich an.

PILET Das Tier aus dem Meer mit zehn Hörnern steiget hinan.

JUSTINE Die sieben Schalen des Zorns schweben heran.

WUCHT Das Buch mit den sieben Siegeln ist aufgetan.

TRAPS Hohes Gericht, ich höre dich an.

Er leert den Kognak in einem Zug, fällt auf den Sessel. Simone füllt ihm Kognak nach. Auf ein Zeichen Wuchts erhebt sich Traps wieder.

WUCHT Nach deinem Geständnis, Alfredo Traps, hast du gemordet. Nicht mit einer Waffe, nein, sondern dadurch, daß es dir das Natürlichste war, rücksichtslos vorzugehen, geschehe, was da wolle. Wir akzeptieren dein Geständnis. In einer Welt, in der niemand mehr schuldig sein will, in der die schändlichsten Verbrechen begangen werden, weil sie angeblich entweder unvermeidbar sind, um das Weltgetriebe in Gang zu halten, oder notwendig, um die Veränderung dieses Weltgetriebes herbeizuführen, in dieser ungeheuren Verfilzung aller menschlichen Bestrebungen, in der sich ein jeder mit der allgemeinen Ungerechtigkeit freispricht, verdient einer, der sich schuldig spricht, belohnt und gefeiert zu werden. Machen wir uns nichts vor: In der Welt, die du mit deinem Jaguar durchbraust, wäre dir nichts geschehen, aber nun bist du als ein wahrer Hans im Glück zu uns gekommen, in unsere stille Villa, zu vier alten Männern, die in deine Welt hineinleuchteten mit dem reinen Strahl der Gerechtigkeit –

Die drei Richter setzen die Hüte auf.

WUCHT – in deren Namen ich nun dich, mein lieber Alfredo, zum Tode verurteile. *Überreicht ihm eine Pergamentrolle mit dem Todesurteil.*

TRAPS *fällt Wucht gerührt um den Hals* Hohes Gericht, ich danke. Ich danke von ganzem Herzen.

WUCHT Trinken wir. Auf den Schuldigen.

ZORN, KUMMER, PILET Auf den Schuldigen.

TRAPS Auf den des Todes Schuldigen.

JUSTINE Auf meinen Schuldigen.

Sie trinken.

JUSTINE Auf den Schuldigen, der meiner würdig geworden ist. *Links hinten ab.*

Traps will sich auf den Sessel setzen, fällt auf den Boden.

*Pilet setzt sich auf den Sessel hinter Traps. Simone schenkt
Traps Kognak ein. Die drei Richter nehmen die Hüte
wieder ab.*

WUCHT Du bist gerührt, Alfredo Traps, und auch wir,
deine Richter, weinen mit dir Tränen der Freude,
bedeutet doch ein Todesurteil die Krönung eines
Lebens. Doch geben wir es zu: Diese unbeschreibliche
Ehre – ja, ich darf es wohl aussprechen –, diese erha-
bene Gnade hast du nicht allein der reinen Gerechtigkeit zu verdanken; das Urteil ist nicht ganz unbeein-
flußt vom rhetorischen Elan und der blühenden Ein-
bildungskraft des Staatsanwalts.

TRAPS *trinkt Zorn zu* Bravo, Isi. Bravo.

Simone schenkt ihm wieder ein, dann den anderen.

WUCHT Doch nicht nur aus diesem Grunde, mein lieber
Alfredo, wurde es – ich darf es gestehen – mehr
schweren als leichten Herzens gefällt. Es stellt ein
metaphysisches Urteil dar, so daß denn das Gericht
nicht umhinkonnte, ein zweites juristisches Urteil abzugeben: Die Argumente des Verteidigers – als Jurist
dem Staatsanwalt ebenbürtig – leuchteten doch allzusehr ein. *Erhebt sich.* In einer Welt der schuldigen
Schuldlosen und der schuldlosen Schuldigen hat das
Schicksal die Bühne verlassen, und an seine Stelle ist
der Zufall getreten, die Panne. *Kommt nach vorne zu
Traps.* Das Zeitalter der Notwendigkeit machte dem
Zeitalter der Katastrophen Platz – *Setzt sich auf die
Tischkante* – undichte Virenkulturen, gigantische Fehl-
spekulationen, explodierende Chemieanlagen, uner-

meßliche Schiebungen, durchschmelzende Atomreak-
toren, zerberstende Öltanker, zusammenkrachende
Jumbo-Jets, Stromausfälle in Riesenstädten, Heka-
tomben von Unfalltoten in zerquetschten Karosserien.
In dieses Universum bist du geraten, mein lieber Alfredo Traps. Dein rotlackierter Jaguar ist nicht der Rede
wert, und was dich betrifft: Unfall, harmlos, Panne
auch hier. *Geht nach rechts und dann wieder hinter
den Tisch.* Zwar bezweifeln wir deinen Wunsch, Gygax möge das Zeitliche segnen, in keiner Weise, doch
dein Wunsch erfüllte sich ohne dich. Nicht deine Tat
beseitigte deinen Chef, sondern ein simpler Föhnsturm. Nicht die Absicht verknüpfte deinen Wunsch
mit seiner Erfüllung, sondern der Zufall. So vernimm
denn, braver Fredi, das zweite Urteil:

*Kummer und Zorn erheben sich ebenfalls, setzen wie
Wucht ihren Hut auf.*

WUCHT Bist du durch die Welt, in der du lebst, verurteilt,
so bist du von der Welt, in der zu leben du verurteilt
bist, freigesprochen. *Übergibt ihm eine Pergamentrolle mit dem Freispruch.* Trinken wir. Trinken wir auf
unseren unschuldigen Freund. Auf unseren Unschuldigen.

ZORN, KUMMER Auf unseren Unschuldigen.

*Die drei trinken.
Simone nach hinten links ab.
Traps ist fassungslos.*

TRAPS Ihr habt mich zum Tode verurteilt! Ihr habt mich
zum Tode verurteilt!

WUCHT Wir verurteilten dich zweimal, Alfredo Traps.
Welches Urteil du akzeptierst, ist deine Sache. Uns
kommt das Urteilen zu, dir das Wählen.

TRAPS Ihr habt mich zum Tode verurteilt! *Stürzt wütend
den Kognak hinunter, rennt nach rechts.* Ihr könnt
mich nicht freisprechen, ihr könnt es nicht!

WUCHT Und was wir nicht alles können, Fredi.

TRAPS Ich bin des Todes schuldig. *Stampft auf den Boden.* Ihr habt es mir bewiesen: Ich beging den außergewöhnlichsten Mord des zwanzigsten Jahrhunderts.
Wird immer wütender. Ein ungerechtes Gericht! *Er
reißt Simone die Kognakflasche aus der Hand, gießt
sich ein. Leert seinen Pokal gegen Wucht, der auf-
springt und sich säubert.* Ein ungerechtes Urteil.

WUCHT Unsinn, Fredi.

TRAPS Ihr traut mir meinen Mord nicht zu.

ZORN Und was wir dir alles zutrauen.

KUMMER Nur den Kopf nicht hängen lassen, so ein bißchen Unschuld wirst du doch noch verkraften!

TRAPS *tobt stampfend herum, säuft Kognak* Ich werde
euch meine Schuld beweisen! Ich werde es euch beweisen! Ich werde es euch beweisen!

*Simone tritt mit einem Kasten mit Pistolen auf. Wucht ist
nun auch wütend geworden, er geht nach links zu Traps.*

WUCHT Was willst du uns denn beweisen, Fredi! Deine
Schuld und deine Unschuld sind gleicherweise unbeweisbar. Was war die heutige Nacht? Ein übermütiger
Herrenabend, nichts weiter, eine Parodie auf etwas,
was es nicht gibt und worauf die Welt immer wieder
hereinfällt, eine Parodie auf die Gerechtigkeit, auf die

grausamste der fixen Ideen, in deren Namen der Mensch Menschen schlachtet. Denn wahrlich, wenn es eine Schuld gäbe, dann müßte diese Schuld nicht beim Menschen, sie müßte außerhalb des Menschen liegen. Wohlan denn, Fredi, spielen wir das Spiel zu Ende! Richten wir die wahren Schuldigen hin! Die Masken!

KUMMER, ZORN, PILET Die Masken!

TRAPS Ich werde es euch beweisen! Ich werde es euch beweisen! Ich werde es euch beweisen!

Die anderen außer Traps holen sich die Masken von der Wand, stülpen sie sich über, auch Traps wird eine Maske über das Gesicht gestülpt.

WUCHT Die Pistolen.

ALLE Die Pistolen!

SIMONE Geladen.

ALLE Geladen!

PILET In den Garten!

ALLE In den Garten!

PILET Schießen wir die Götter vom Firmament. *Verläßt das Podest.*

ZORN Richten wir die Vollkommenen hin. *Verläßt das Podest.*

KUMMER Die uns unvollkommen schufen. *Verläßt das Podest.*

WUCHT Die Schuldigen, die uns in Schuld stürzten. *Verläßt das Podest.*

PILET Fein.

Zwischenvorhang.

TRAPS *hinter dem Zwischenvorhang als Schattenbild sicht-*

bar Ein ungerechtes Gericht! Ein schändliches Gericht! Ein verworfenes Gericht! Ich werde es euch durch eine Tat beweisen!

Mit dem Rücken gegen das Publikum verrichten die vier etwas, was nach dem vielen Trinken verständlich ist. Nur noch der brennende Lüster sichtbar.

ZORN Die Sonne ist aufgegangen.
KUMMER Wir sehen die Planeten nicht.
WUCHT Egal. Wir treffen sie blindlings.
PILET Fein.

Musik.

KUMMER Sie blasen auf einmal übermütig im Dorf.
ZORN Der Gemeindepräsident ist gestorben.
KUMMER Endlich.

Wucht tritt vor, wie die drei anderen in Göttermaske.

WUCHT Wir spielten das Spiel des Gerichts vom Menschen über Menschen, und nun spielen wir das Spiel vom Gericht des Menschen über die Götter, welche die Welt regieren. Jupiter!
ZORN Mars!
KUMMER Saturn!
PILET Venus!
ALLE Merkur!

Während der eine vortritt und die Verse spricht, drohend wilde Blasphemien, bleiben die drei anderen eng zusammen und schwanken im Takt hin und her.

WUCHT

In erdenfernen Himmelstiefen
Obszöner, fett gewordner Herr,
Den uns zu leiten wir beriefen.
Du weibertoller Jupiter.
Du läßt uns in das Chaos sinken,
Zum Weltregieren zu bequem,
Du amüsierst dich, wir ertrinken,
Allein dein Schwanz ist dein Problem.
Der uns vergessen, sei getötet,
Von unsren Schüssen zugelötet.
Feuer!

Alle geben einen Schuß zum Jupiter ab.

TRAPS *hinter dem Zwischenvorhang, schreit auf* Schuldig,
ich bin schuldig.

Wucht zurück, Zorn tritt vor.

ZORN

Du roter Mars, dein böses Auge
Späht hinter jener Wolkenwand.
Ob ich zum Ziele dir wohl tauge?
Den Bogen hast du schon gespannt.
Sehr lüstern stets nach neuen Morden
Hast du die Menschheit ausersehn.
Den Henkern pfeifst du und den Horden
Zum stupiden Weltgeschehn.
Den Unfug, den du schaffst, zu enden,
Wir jetzt dir diese Schüsse senden.
Feuer!

Alle geben einen Schuß zum Mars ab.

TRAPS *hinter dem Zwischenvorhang, schreit auf* Ein Mörder, ich bin ein Mörder.

Zorn zurück, Kummer tritt vor.

KUMMER
    Saturn, was zeugst du unablässig,
    Was unablässig du verspeist
    So über alles Maß unmäßig,
    Von Freveln stinkend und vergreist?
    Längst wälzt du dich in deinem Kote,
    Urmutter über, unter dir,
    Zur ungeheuren Weltenzote
    Wird, was wir alle sind, mit dir.
    So schießen wir denn ins Absurde,
    Daß nie mehr werde, was da wurde.
    Feuer!

Alle geben einen Schuß zum Saturn ab.

TRAPS *hinter dem Zwischenvorhang, schreit auf* Ich will
hingerichtet werden. Ich will meine Schuld büßen.

Kummer zurück, Pilet tritt vor.

PILET
    Puffmutter Venus, dich schon neigend
    Dem Horizont zu, glänzend, schnell,
    Bereiten Schoßes, doch noch schweigend,
    Nimmst du Besitz vom Weltbordell.

Du gibst dich für horrende Spesen.
Die Gier nach dir hat uns verhurt,
Denn du kassierst, und wir verwesen,
Verdammt zum Tode durch Geburt.
Dein Schoß, von Wollust ausgebechert,
Sei nun mit unsrem Blei zerlöchert.
Feuer!

Alle geben einen Schuß zur Venus ab.
Wucht vor, Pilet zurück, Wucht kniet nieder.

WUCHT

Merkur nun endlich zu erjagen
als letztes Wild des Göttersaals,

Zorn kniet neben Wucht.

ZORN

Anstifter aller unserer Plagen,
Der Diebe Fürst, des Kapitals.

Kummer kniet neben Zorn.

KUMMER

Von uns, wen hast du nicht bestochen,
Wen von den grausen Göttern nicht?
TRAPS *hinter dem Zwischenvorhang, schreit auf* Pilet!
Pilet!

Pilet kniet neben Wucht.
Alle vier knien.

PILET

> Wer kam durch dich nicht in die Wochen,
> Weil Geld in jeden Bauch einbricht?

Alle vier zielen gegen das Publikum.

ALLE

> Wir richten hin, wenn wir dich morden,
> Uns selber, die durch dich geworden.
> Feuer!

*Die Blasmusik verstummt abrupt. Sie zielen auf Merkur
und drücken ab, doch fallen keine Schüsse mehr.
Stille.
Masken ab. Sie schieben die Masken auf den Kopf.*

WUCHT Simone lud wieder einmal nicht voll.

ZORN Merkwürdig, ich habe das Gefühl, das waren diesmal richtige Patronen.

PILET Komisch.

KUMMER So blöd ist Simone nicht.

Im Haus ein Schuß.

KUMMER Ein Schuß.

PILET Fein?

ZORN Hoffentlich lud Simone nicht scharf.

WUCHT Wo ist Traps?

KUMMER Bei deiner Enkelin.

WUCHT Weiß nicht –

ZORN Gehen wir ins Haus.

Zwischenvorhang auf.

Sie betreten das Podest, die Masken wie Mützen auf dem Kopf.
Suchen.
Kummer geht nach links hinten, kommt wieder zurück, erblickt Traps, der in seiner Maske im Lüster hängt. Jetzt erblicken ihn alle.

WUCHT Simone lud scharf.

Von hinten links kommt Justine in einem eleganten Nachthemd, den Strauß weißer Rosen im Arm.

JUSTINE Hephaiston!
ALLE Ah!
JUSTINE Was ist denn?
WUCHT Noch nicht im Bett?
JUSTINE Bei dieser Knallerei.
KUMMER Traps erschoß sich. *Weist auf Traps.*

Stille.

JUSTINE Der dumme Kerl nahm euch alte Knacker ernst.
WUCHT Eine Panne.
ZORN Mehrere.
KUMMER Heute ist wieder Föhn.
PILET Fein.
ZORN Ekelhaft.
KUMMER Für Humor scheint man in der heutigen Zeit keinen Sinn mehr zu haben.
ZORN Miese Zeiten.
WUCHT Setzen wir uns.
DIE ANDEREN Setzen wir uns.
PILET Fein.

*Die vier setzen sich. Pilet vor dem umgekippten Tisch auf
den Boden.*

JUSTINE *kalt, ruhig und sachlich* Wir müssen einen Sarg
  besorgen.
ZORN Wie?
JUSTINE Der Schreiner Bickel machte einen für den Ge-
  meindepräsidenten.
KUMMER Eben gestorben. *Maske auf, schläft ein.*
JUSTINE Heute ist Sonntag, sie brauchen ihn für den
  Gemeindepräsidenten erst Montag.
WUCHT Das Tischtuch muß auch gereinigt werden.
JUSTINE Sowieso schmutzig.
ZORN Blut tropft herunter. *Maske auf, schläft ein.*
JUSTINE Telefoniere der Polizei, die wird ihn herunter-
  holen.
PILET Fein.
JUSTINE *läßt die Rosen achtlos vor dem hängenden Traps
  fallen* Ich hoffe, die Rosen halten so lange. *Geht nach
  links, schaut noch einmal zu Traps hinauf.* Eigentlich
  war er bloß ein Angeber. *Geht nach hinten links ab.*

Von rechts hinten Simone.

SIMONE Eine Magnum, Château Latour. *Schenkt Wucht
  und Pilet ein.* Grand cru classé. *Schaut zu Traps hoch.*
  Pauillac, mis en bouteilles au château. *Beim Hinausge-
  hen nach rechts hinten* 1870.

Beleuchtung punktuell nur auf Masken.

WUCHT Nummer zehn. Riechen.

Wucht und Pilet riechen.

WUCHT, PILET Hm!
WUCHT Kosten.
WUCHT, PILET Oh!
WUCHT *schaut nach oben* Der gute Alfredo. Er verteu-
felte mir beinahe den schönsten Herrenabend.
WUCHT Trinken.

Wucht und Pilet trinken.

WUCHT, PILET Ah!

Wucht und Pilet Maske auf.

PILET Fein.

*Die vier Masken sitzen erstarrt, über ihnen, im Lüster,
hängt die fünfte.*

Anhang

Ansprache anläßlich der Verleihung
des Kriegsblinden-Preises

Meine Damen, meine Herren,
Ich bin sehr stolz und sehr verlegen, diesen Preis erhalten zu
haben. Stolz, weil nun einmal das Hörspielschreiben eine Tätig-
keit ist, die ich mit einer gewissen Leidenschaft betreibe, das
heißt, was meine Schriftstellerei angeht, durchaus nicht nur
nebenamtlich; verlegen, weil diese Preisentgegennahme mit einer wenn auch zeitlich humanen Redepflicht verbunden ist, die
es nun auszuüben gilt. Zu dieser natürlichen Verlegenheit
kommt jedoch noch eine andere. Ich bin Schweizer, wenn auch
mein Fall insofern etwas gemildert wird, als ich aus Neuchâtel
komme, einer Stadt, die bis vor etwas mehr als hundert Jahren
zu Preußen gehörte. Nun ist das selbstverständlich an sich kein
Grund, verlegen zu sein; die Verlegenheit kommt nur daher,
daß zwischen den Schweizern und den Deutschen ein gewisses
Problem mir noch nicht ganz gelöst zu sein scheint; ich sage
ausdrücklich zwischen den Deutschen und den Schweizern und
nicht zwischen der Schweiz und Deutschland, denn es ist ein
menschliches Problem, um das es geht, ein Problem, das sich
hinter der Feststellung verbirgt, die ein Schweizer oft zu hören
bekommt, nämlich, er habe nichts durchgemacht. Präziser, er
habe keinen Krieg durchgemacht. Denn anders hätte diese
Feststellung ja keinen Sinn. Sie ist nun kaum zu bestreiten, doch
macht der Schweizer jetzt seit fast hundertfünfzig Jahren den
Frieden durch, eine, wie mir scheint, gerade heute interessante
Tatsache. Zwar mag es auf den ersten Blick zynisch erscheinen,
das Verbum durchmachen auf den Frieden anzuwenden, doch –
und es wird mir immer deutlicher – es ist ein sehr gutes
Verbum. Den Frieden muß man durchmachen, durchhalten,

aushalten; ja, in einer ganz bestimmten Weise ist das vielleicht viel schwerer als das Durchmachen eines Krieges. Genauer gesagt: wir nähern uns dem Punkt – oder wir haben ihn schon erreicht –, wo wir keinen Krieg mehr, weil der Krieg das Ende bedeuten würde, sondern nur noch den Frieden durchmachen können.

Was ist nun Friede? Vom Kriege aus gesehen – wie man ihn heute leider noch oft betrachtet – etwas Positives, ausschließlich Positives, wie das Land für den Seemann in Seenot. Friede bedeutet dann vor allem Kind in der Wiege, wogende Kornfelder, je nach Politik Glockengeläute von Kirchen oder Gesang im Kolchos. Sieht man jedoch den Frieden nicht vom Kriege her, sondern vom Frieden selber aus, verliert er das positive Vorzeichen, er bekommt aber auch kein negatives. Der Friede ist etwas Inkommensurables. Allein vom Verstand her wäre er leicht zu bewältigen, seine Axiome sind leicht zu finden. Daß er aber nicht leicht zu verwirklichen ist, brauche ich in Berlin nicht noch zu erzählen. Die ungeheuren Aufgaben, vor denen die Welt steht und die allen sichtbar sind, werden ständig durchkreuzt von Machtfragen, Dogmen, Nationalismen, das politische Denken geht meistens nach. Doch von jedem einzelnen aus gesehen, vom Einzelmenschen aus, nimmt der Friede ein noch anderes Gesicht an, sein wahrstes: er wird zum Alltag, zur Sorge um das tägliche Brot, er wird zur Bühne, auf der sich das menschliche Leben normalerweise abzuspielen hat, als Komödie, als Tragödie, meistens aber als ein recht mäßiges und spannungsloses Drama, bei dem es kein Davonlaufen gibt. Die Schweiz nun ist, dort, wo sie stimmt, Alltag geworden, und diese ihre Alltäglichkeit nehme ich wichtiger, ernster als ihre Mythen: Wir sind schon längst kein Volk der Hirten mehr, so wenig wie Sie ein Volk der Dichter und Denker.

Wenn ich nun anfangs sagte, ich sei stolz auf meine Auszeichnung, so kann ich jetzt diesen meinen Stolz auch näher begründen. Ich bin stolz darauf, daß man etwas von meinem Anliegen begriffen hat, daß ich gute Hörer fand. Je mehr ich mich in meinem Berufe, oder besser, mit meinem Berufe beschäftige, desto klarer wird mir, daß ich meine Stoffe im Alltag, jenseits der Fiktionen, in der Gegenwart zu suchen habe. Wir müssen den Mut haben, zu unserer Zeit zu stehen. Nur getrost, auch sie hat ihre Helden und Raubritter, und in der Wirtschaft geht es nicht gnädiger zu als in der Schlacht im Teutoburger Walde. Nicht Herzöge und Feldherren, sondern Geschäftsleute, kleine Krämer, Industrielle, Bankiers, Schriftsteller sind die Rollenträger unserer Zeit – noch genauer: wir alle sind es, und die Handlung, die wir durchmachen, durchstehen müssen, ist die unseres Alltags. Doch – und nun kann ich den Kreis schließen – wer wüßte besser als die Blinden, was Alltag ist, wie schwer an sich schon das Alltägliche durchzumachen, zu bestehen ist! Die Welt als ganze ist in Verwirrung, allzuviel rächt sich nun, allzuschnell ist die Menschheit angewachsen. Die Welt des Einzelnen dagegen ist noch zu bewältigen, hier gibt es noch Schuld und Sühne. Wie der Einzelne die Welt besteht oder wie er untergeht, ist das Thema auch meines Hörspiels, das hier ausgezeichnet wird, auch wenn der Hauptheld, der Textilreisende Alfredo Traps, nicht sehr viel von dem, was vorfiel, kapierte. Nur im Privaten kann die Welt auch heute noch in Ordnung sein und der Frieden verwirklicht werden. Ein grausamer Satz. Doch geben wir alle die Hoffnung auf einen allgemeinen Frieden nicht auf. Wir fordern nicht viel. Denn seien wir uns im klaren: Der Friede ist nichts als eine Selbstverständlichkeit, die an sich keine Probleme löst. Das ist seine immanente Schwierigkeit. Hier lauert die Gefahr: daß man von ihm zu viel erwartet. Keine Politik der Welt kann die entscheidenden Fragen lösen, die uns bewegen. Richtige Politik denke ich mir als etwas höchst Bescheidenes, Unauffälliges, Praktisches; die Politik der Elefanten und Ochsen ordne ich den Naturkatastrophen zu. Erst hinter den Kulissen dessen, was von der Politik, vom Staat vernünftigerweise zu fordern ist und was auch zu leisten wäre, nämlich Freiheit und soziale Gerechtigkeit, beginnen die nicht selbstverständlichen, die entscheidenden Fragen, die nicht gemeinsam zu lösen sind, die aber jeder einzelne zu lösen hat. Dorthin vorzustoßen, durch die Schichten der Politik, tiefer noch, durch die Schichten des Alltags hindurch, ist nicht nur die Aufgabe der heutigen Schriftstellerei, es ist auch Ihre Aufgabe, meine Damen und Herren. Ich danke noch einmal für den Preis der Kriegsblinden.

Rede, gehalten 1957 in Berlin, als dem Autor für ›Die Panne‹ der Hörspielpreis der Kriegsblinden für das Jahr 1956 verliehen wurde. Aus: ›Theater-Schriften und Reden‹, Verlag der Arche, Zürich 1966.

Friedrich Dürrenmatt

Labyrinth
Stoffe I – III
Der Winterkrieg in Tibet
Mondfinsternis · Der Rebell

Turmbau
Stoffe IV – IX
Begegnung · Querfahrt
Die Brücke · Das Haus
Vinter · Das Hirn

»Der Versuch, die Geschichte meiner ungeschriebenen
Stoffe zu schreiben, zwang mich, die Geschichte eini-
ger meiner ungeschriebenen Stoffe zu rekonstruieren.
Indem ich meine alten Fabeln aufgriff, griff ich mich
selber auf, allzusehr bin ich mit meinen Stoffen ver-
woben und in sie eingesponnen. Mein Irrtum, mein
Schreiben sei dem gewachsen. Allzu leichtfertig ließ ich
mich auf ein Unternehmen ein, dessen Ende nicht
abzusehen war. Es ging mir wie mit dem *Turmbau zu
Babel*, den ich einmal plante und begann: ich mußte ihn
abbrechen, um mich von ihm zu befreien. Was blieb,
sind seine Trümmer.« *Friedrich Dürrenmatt*

»Diese Autobiographie als Geschichte einer literarischen Werkstatt verliert sich nicht in klatschsüchtiger
Geschwätzigkeit, in Rechtfertigungsplädoyers oder
kapriziöser Anekdotensucht. Im Gegenteil.«
Frankfurter Allgemeine Zeitung

»Faszinierende Spurensicherung – zwischen Autobiographie und Dokumentation: der literarische Riese,
gelassen, souverän.« *Die Zeit, Hamburg*

»Dürrenmatts ›Steinbruch‹, eine Riesenfundgrube.
Das aufregendste Buch seit langem: kein einziger
Schritt auf dem Trampelfeld herrschenden Einver-
ständnisses.« *Tages-Anzeiger, Zürich*

»Ein erzählerisches Labyrinth, das ein großartig böses
Spiegelbild vom Pandämonium unserer Welt liefert.«
Norddeutscher Rundfunk, Hamburg

»Ein Riesenepos, das ein Jahrhundertwerk werden
könnte.« *Deutsche Welle, Köln*

Gedankenfuge

»Die in der *Gedankenfuge* zusammengefaßten Texte
sind zwar bis auf einen vom Autor fertiggestellt und
in einer letzten Reinschrift überliefert, doch läßt sich
an ihnen die Verfertigung der Geschichten beim Erzählen noch besser beobachten als in den zuvor ver-
öffentlichten Stoffen. Wenn man für Dürrenmatts
Stoffe ebenso wie für seine Geisteshaltung ein Vorbild
suchen wollte, würde man es am ehesten in den ›Versuchen‹ Montaignes finden. Auch Dürrenmatt teilt
sich vor allem selber mit, auch er erzählt nur, will
nicht lehren, gar ein System aus seinem Denken
machen. Seine Aufmerksamkeit gilt den großen Mythen des abendländischen Geistes ebenso wie den
Randfiguren, doch an diesen entzündet sich seine
eigentliche Neugierde. Und wenn wir ihn heute lesen,
spricht er mit uns, soviel Mündlichkeit sprudelt in
allem, was er zu Papier gebracht hat: ›Stoff... ist die
unmittelbare Antwort des Menschen auf sein Erleben.‹« *Gert Ueding/Die Welt, Bonn*

»Das halbe Dutzend Betrachtungen dieses Buches
komplettiert nicht nur Dürrenmatts gesammelte
Werke, es ist auch ein großes Lesevergnügen: teils
dichterische Philosophie, teils philosophische Dich-
tung. Ein apokalyptischer Schatten fällt auf diese
späte, postum veröffentlichte Prosa wie auf dem Titel-
bild des Buches, einem Ausschnitt aus Dürrenmatts
Gemälde ›Letzter Angriff‹: es ist der Angriff seiner
Totenvögel.« *Georg Hensel/FAZ*

Friedrich Dürrenmatt
im Diogenes Verlag

● **Das dramatische Werk**

Es steht geschrieben/
Der Blinde
Frühe Stücke. Mit der ersten Komödie ›Untergang und neues Leben‹, einem Fragment aus dem verschollenen Stück ›Thogarma‹ und ›Der Doppelgänger‹ im Anhang

Romulus der Große
Eine ungeschichtliche historische Komödie in vier Akten. Neufassung 1980. Mit der unvollendeten Komödie ›Kaiser und Eunuch‹

Die Ehe des Herrn
Mississippi
Eine Komödie in zwei Teilen (Neufassung 1980) und ein Drehbuch

Ein Engel kommt nach
Babylon
Eine fragmentarische Komödie in drei Akten. Neufassung 1980. Mit Fragmenten aus ›Der Turmbau zu Babel‹ und ›Der Uhrenmacher‹

Der Besuch der alten Dame
Eine tragische Komödie. Neufassung 1980

Frank der Fünfte
Komödie einer Privatbank. Mit Musik von Paul Burkhard. Neufassung 1980

Die Physiker
Eine Komödie in zwei Akten. Neufassung 1980

Herkules und der Stall des
Augias/Der Prozeß um des
Esels Schatten
Griechische Stücke. Zwei Hörspiele und eine Komödie, letztere in der Neufassung 1980

Der Meteor/ Dichter-
dämmerung
Zwei Nobelpreisträgerstücke. ›Der Meteor‹ in der Wiener Fassung 1978, ›Dichterdämmerung‹ ist die 1980 dramatisierte Form von ›Abendstunde im Spätherbst‹

Die Wiedertäufer
Eine Komödie in zwei Teilen. Urfassung 1967 (Komödienfassung des ersten Dramas ›Es steht geschrieben‹)

König Johann/Titus
Andronicus
Shakespeare-Umarbeitungen

Play Strindberg/Porträt
eines Planeten
Übungsstücke für Schauspieler

Urfaust/Woyzeck
Zwei Bearbeitungen

Der Mitmacher
Ein Komplex. Text der Komödie (Neufassung 1980), Dramaturgie, Erfahrungen, Berichte, Erzählungen

Die Frist
Eine Komödie. Neufassung 1980

Die Panne
Hörspiel und Komödie

Nächtliches Gespräch mit ei-
nem verachteten Menschen/
Stranitzky und der National-
held/Das Unternehmen
der Wega
Hörspiele und Kabarett

Achterloo
Komödie. Mit einem Nachwort des Autors

F. Dürrenmatt & Charlotte Kerr
Rollenspiele
Protokoll einer fiktiven Inszenierung
und ›Achterloo III‹. Mit 28 Zeichnungen von Friedrich Dürrenmatt

Midas
oder Die schwarze Leinwand

● **Das Prosawerk**
Aus den Papieren eines Wärters
Frühe Prosa

Der Richter und sein Henker
Kriminalroman. Studienausgabe mit zahlreichen Fotos aus dem Film und einem Anhang

Der Verdacht
Kriminalroman. Mit einer biographischen Skizze des Autors

Der Hund / Der Tunnel / Die Panne
Erzählungen

Grieche sucht Griechin / Mr. X macht Ferien / Nachrichten über den Stand des Zeitungswesens in der Steinzeit
Grotesken

Das Versprechen / Aufenthalt in einer kleinen Stadt
Erzählungen

Theater
Essays, Gedichte und Reden

Kritik
Kritiken und Zeichnungen

Literatur und Kunst
Essays, Gedichte und Reden

Philosophie und Naturwissenschaft
Essays, Gedichte und Reden

Politik
Essays, Gedichte und Reden

Der Sturz
Erzählungen: ›Der Sturz‹ / ›Abu Chanifa und Anan Ben David‹ / ›Smithy‹ / ›Das Sterben der Pythia‹

Zusammenhänge
›Essay über Israel‹ /
Nachgedanken
unter anderem über Freiheit, Gleichheit und Brüderlichkeit in Judentum, Christentum, Islam und Marxismus und über zwei alte Mythen

Labyrinth
Stoffe I–III: ›Der Winterkrieg in Tibet‹ / ›Mondfinsternis‹ / ›Der Rebell‹. Vom Autor revidierte Neuausgabe

Minotaurus
Eine Ballade. Mit Zeichnungen des Autors

Justiz
Roman

Der Auftrag
oder Vom Beobachten des Beobachters der Beobachter. Novelle in vierundzwanzig Sätzen

Versuche
Essays und Reden

Denkanstöße
Ausgewählt und zusammengestellt von Daniel Keel. Mit sieben Zeichnungen des Dichters

Durcheinandertal
Roman

Turmbau
Stoffe IV–IX: ›Begegnungen‹ / ›Querfahrt‹ / ›Die Brücke‹ / ›Das Haus‹ / ›Vinter‹ / ›Das Hirn‹

Thomas Strittmatter
im Diogenes Verlag

Raabe Baikal
Roman

»Mit irvingscher Fabulierkunst erzählt Strittmatter die grotesken und dennoch in einer durchaus realen Welt angesiedelten Erlebnisse des Raaben Baikal. Sei es im Internat mit weiteren schrägen Vögeln, in der Lehre beim wortkargen, wodkasaufenden Steinmetz oder auf seiner modernen Odyssee in die feindliche Stadt, Raabe hat immer wieder das unverschämte Glück, dem bösen Schicksal einen kleinen Schritt vorauszusein.« *Annabelle, Zürich*

»Strittmatter hat einen Roman geschrieben, in dem sich auf eigenwillige Weise realistisches Erzählen mit phantastischen und skurrilen Elementen verbindet.« *Der Spiegel, Hamburg*

»Ein schreibender Jim Jarmusch.« *Basta, Wien*

»Ein fesselnder und kraftvoller Roman, in einer vitalen, bildreichen Sprache geschrieben. In seinen exzentrischen Beschreibungen zeigen sich eine große Fabulierkunst und Erzählkraft.« *Deutsche Welle, Köln*

»Ein zeitgenössischer, zeitüberschreitender Roman.« *Stuttgarter Zeitung*

»Es ist ein eigenwilliges, schockierend-realistisches und zugleich phantastisches Prosastück, daß einem beinahe die Spucke wegbleibt.« *tz, München*

»Strittmatter besitzt eine geradezu berauschende Fähigkeit zum sinnlichen Erzählen.« *Kölnische Rundschau*

»Extrem lesenswert.« *Harry Rowohlt/Die Zeit, Hamburg*

Viehjud Levi
und andere Stücke

Strittmatters Stücke spielen auf Schwarzwaldgehöften, in Autobahnmotels und im Stau, in märchenhaften Königreichen, an Badeseen und im Polizeisportverein. Und immer sind Realität, Geschichtliches und Erfundenes so miteinander verschmolzen, daß über Ort und Zeit hinaus Erfundenes historisch wahrscheinlich, Geschichtliches aber poetisch verwandelt wird. Meist erzählt Strittmatter von kleinen Leuten an unbedeutenden Orten, doch es gelingt ihm, die großen Geschichten aus dem Banalen und Alltäglichen herauszulösen. Obwohl sein Blick auch auf die düsteren Flecken der Welt fällt, machen sein luzider Humor, sein grimmiger Witz und die Zuneigung zu seinen Figuren die Lektüre seiner Stücke zu einem erhellenden Vergnügen.

»Seit Brechts *Furcht und Elend des Dritten Reiches* hat kein Schriftsteller die bieder-menschliche Fratze einer Epoche derart knapp und konzentriert in wenigen Strichen auf die Bühne gebracht – *Viehjud Levi*, ein kleines Meisterwerk.« *Theater heute, Berlin*

»Mit seinen zeitgeschichtlich orientierten, politisch sensiblen Stücken bestätigt Thomas Strittmatter seinen Ruf, einer der interessantesten deutschen Nachwuchsdramatiker zu sein.« *Der Spiegel, Hamburg*

»Ein unerbittlicher Chronist der Provinz, ein alemannischer Erzähler mit kritischem Verstand, ein Heimatdichter ohne jeden nationalistischen Einschlag.«
Die Weltwoche, Zürich

»Der *Polenweiher* beschwört keine Nostalgie, keinen Patriotismus. Strittmatter überläßt beim Erzählen seiner Geschichten nichts dem Zufall, nicht das ›Wie‹ oder mit wessen Hilfe erzählt wird.«
Südkurier, Konstanz

Urs Widmer
im Diogenes Verlag

Alois / Die Amsel im Regen im Garten
Zwei Erzählungen

»Panzerknacker Joe und Käptn Hornblower, der Schiefe Turm von Pisa und die Tour de Suisse, Fußball-Länderspiel, Blitzschach, Postraub, Untergang der Titanic, Donald Duck und Sir Walter Raleigh – von der Western-Persiflage bis zur Werther-Parodie geht es in Urs Widmers mitreißend komischem Erstling *Alois*.«
Bayerischer Rundfunk, München

Das Normale und die Sehnsucht
Essays und Geschichten

»Dieses sympathisch schmale, sehr konzentrierte, sehr witzige Buch ist dem ganzen Fragenkomplex zeitgenössischer Literatur und Theorie gewidmet.«
Frankfurter Allgemeine Zeitung

Die Forschungsreise
Ein Abenteuerroman

»Da seilt sich jemand (das Ich) im Frankfurter Westend von seinem Balkon, schleicht sich geduckt, als gelte es, ein feindliches Menschenfresser-Gebiet zu passieren, durch die City, kriecht via Kanalisation und über Hausdächer aus der Stadt... Heiter-, Makaber-, Mildverrücktes.« *Der Spiegel, Hamburg*

Die gelben Männer
Roman

»Skurrile Einfälle und makabre Verrücktheiten, turbulent und phantastisch: Roboter entführen zwei Erdenbürger auf ihren fernen Planeten...«
Stern, Hamburg

Vom Fenster meines Hauses aus
Prosa

»Eine Unzahl von phantastischen Einfällen, kurze Dispensationen von der Wirklichkeit, kleine Ausflüge oder, noch besser: Hüpfer aus der normierten Realität. Es ist befreiend, erleichternd, Widmer zu lesen.« *NZZ*

Schweizer Geschichten

»Aberwitziges Panorama eidgenössischer Perversionen, und eine sehr poetische Liebeserklärung an eine – allerdings utopische – Schweiz.«   *Zitty, Berlin*

Shakespeare's Geschichten
Alle Stücke von William Shakespeare. Mit vielen Bildern von Kenny Meadows. *Band I* nacherzählt von Walter E. Richartz *Band II* nacherzählt von Urs Widmer

»Ein Lesevergnügen eigener und einziger Art: Richartz' und Widmers Nacherzählungen sind kleine, geistvolle Meisterwerke der Facettierungskunst; man glaubt den wahren Shakespeare förmlich einzuatmen.« *Basler Zeitung*

Das enge Land
Roman

Hier ist von einem Land die Rede, das so schmal ist, daß, wer quer zu ihm geht, es leicht übersehen könnte. Weiter geht es um die großen Anstrengungen der kleinen Menschen, ein zärtliches Leben zu führen, unter einen Himmel geduckt, über den Raketen zischen könnten…

Liebesnacht
Erzählung

»Ein unaufdringliches Plädoyer für Gefühle in einer Welt geregelter Partnerschaften, die ihren Gefühlsanalphabetismus hinter Barrikaden von Alltagslangeweile verstecken.« *NDR, Hannover*

Die gestohlene Schöpfung
Ein Märchen

Die gestohlene Schöpfung, selbst eine Schöpfung, ist ein modernes Märchen, Actionstory und ›realistische‹ Geschichte zugleich; und eine Geschichte schließlich, die glücklich endet.

»Widmers aufgeklärtes Märchen macht uns keine Illusionen, wohl aber das seltene Vergnügen eines literarischen Abenteuers im Gegenlicht aller zweifelhaften Wirklichkeit.« *Deutschlandfunk, Köln*

Indianersommer
Erzählung

»Fünf Maler und ein Schriftsteller wohnen zusammen in einer jener Städte, die man nicht beim Namen zu nennen braucht, um sie zu kennen, und irgendwann machen sie sich alle zu den ewigen Jagdgründen auf. Ein Buch, das man als Geschenk kauft, beim Durchblättern Gefallen findet und begeistert behält. Was kann man Besseres von einem Buch sagen?«
Die Presse, Wien

»Urs Widmers Prosa funkelt seit je mit brillanten Facetten und witzig-aberwitzigen Pointen, klingt elegant und bewegt sich leicht, wie es im Deutschen selten und damit kostbar ist.«
Tages-Anzeiger, Zürich

Das Verschwinden der Chinesen im neuen Jahr
Prosa

Ein Buch mit vielen neuen Geschichten, Liedern und Bildern zur sogenannten Wirklichkeit, voller Phantasie und Sinn für Realität, »weil es da, wo man wohnt, irgendwie nicht immer schön genug ist«.

Auf auf, ihr Hirten!
Die Kuh haut ab!
Kolumnen

»Kolumnen sind Lektüre für Minuten, aber Urs Widmer präsentiert die Inhalte wie eine geballte Ladung Schnupftabak: Das Gehirn wird gründlich freigeblasen.« *Basler Zeitung*

Der Kongreß der
Paläolepidopterologen
Roman

Die Geschichte von Gusti Schlumpf, Instruktionsoffizier der Schweizer Armee und Begründer jener Wissenschaft, die sich mit versteinerten Schmetterlingen befaßt, und seiner lebenslangen Leidenschaft zu Sally, der rosigen Kämpferin für die Freiheit.

»Ein grandios versponnener Roman, der in der farblosen Flut der Verlagsprogramme daran erinnert, wozu Literatur fähig ist... Ein romantischer Entwicklungsroman ... Ein Klassiker ... Eine großartige Satire ... Ein abgrundtief witziges Buch.« *Süddeutsche Zeitung, München*

Das Paradies des Vergessens
Erzählung

Im *Paradies des Vergessens* tummeln sich sportliche Verleger auf Fahrrädern, keuchen Autoren hinter ihnen her und verlieren ihre Manuskripte, holen brave Töchter aus gutem Haus auf und werden Politikerinnen, heiraten die einen – am Ziel – aus Liebe oder sonstigen Gründen und vergessen andere alles sofort wieder...

»Wenn viele Bücher bereits wieder vergessen sein werden, dürfte *Das Paradies des Vergessens* noch bei so manchem Leser in guter Erinnerung sein.« *Süddeutsche Zeitung, München*

Der blaue Siphon
Erzählung

»Wer kann heute noch glitzernde, glücksüberstrahlte Idyllen erzählen? Wer eine Geschichte über den Golfkrieg und die A-Bombe? Wer ein Märchen für Erwachsene von – sagen wir: fünfzehn an? Und wer eine Liebesgeschichte über Lebende und Tote, die uns traurigfroh ans Herz geht? Die Antwort: Urs Widmer. Er kann all dies aufs Mal und all das ist, eine Rarität in der deutschen Literatur, tiefsinnig und extrem unterhaltend zugleich.«
Andreas Isenschmid/Die Zeit, Hamburg

»Ein erzählerisches Wunderwerk. *Der blaue Siphon* ist Widmers bislang kindsköpfigste und zugleich ernsteste, seine bislang heiterste und zugleich bedrükkendste Erzählung. Eine beispiellos ausgetüftelte und doch äußerst verspielte Prosa.«
Hajo Steinert/Die Weltwoche, Zürich

»*Der blaue Siphon* ist ein erstaunliches Buch, perfekt konstruiert und blendend erzählt.«
Susanne Schaber/Die Presse, Wien

Liebesbrief für Mary
Erzählung

Die Geschichte dreier Liebender, auf ungewöhnliche Art, aus mehrerlei Sicht erzählt: das erste englische und das kurzweiligste Liebesgeständnis in der deutschen Literatur.

»Eleganter, lakonischer wurde in der jüngsten Literatur die Sprachlosigkeit der Liebe wohl nie in Sprache verwandelt.«
Peter Laudenbach/die tageszeitung, Berlin

»Ein schönes, spezielles Buch, eine grenzüberschreitende, tragikomische Geschichte.«
Christian Seiler / Die Weltwoche, Zürich